U0932020

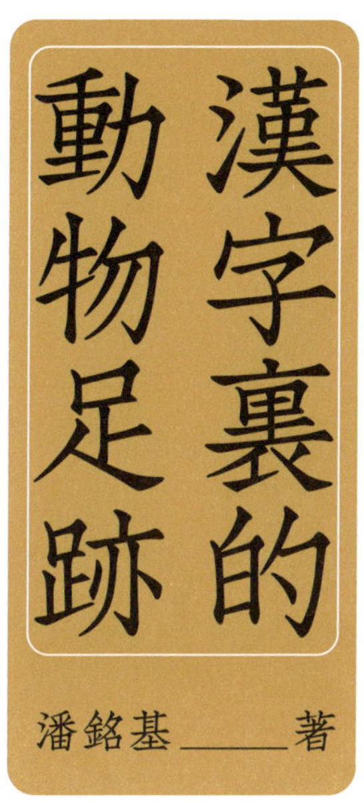

漢字裏的動物足跡

潘銘基 著

中華教育

序

漢字是中國文化的載體，跟世界上許多民族不同，我們至今仍然可以看得懂數千年前先哲所遺留下來的文獻，這對我們了解古代文化，以至如何做到古為今用，尤其重要。

魯迅曾說：「漢字是古代傳下來的寶貝，但我們的祖先，比漢字還要古，所以我們更是古代傳下來的寶貝。」這裏表明人類比起漢字更早出現，此乃事實之餘，又可知正是古人利用漢字記下當時所見的事物，使得今人可以憑此而追溯往昔。在人類和其他動物之間，動物的出現更早。《尚書．泰誓上》說：「惟人萬物之靈。」人類支配着動物的生命，不過更重要的，人是哺乳類動物，自身也是動物的一種。人與動物的關係，錯綜複雜，人類生活的周遭總免不了與動物交集之處。先民對世界的認知有限，每多運用其豐富的想像以建構傳說中的動物。時至今天，傳說中的動物，或有與今天所見者相近；另一方面，許多動物的生活環境有了極大的改變，現有的動物朝着成為歷史一頁的方向發展，教人搖頭歎息。

漢字作為中國文化的載體，古動物的形態與生活也就構成了漢字的重要元素。東漢時期的班固、鄭眾、許慎等，有了一個名為「六書」的概念，三人所論不盡相同，但在六項漢字構成和使用方式裏，均有「象形」。許慎云：「象形者，畫成其物，隨體詰詘，日、月是也。」這是許慎對於「象形」的定義，他以為象形是用繪畫的方法勾勒出那個物體，筆畫的曲折與自然物的態勢一致，「日」和「月」字便即此例。看到了甚麼，便畫些甚麼，然後這些畫像逐漸規範化，成為了文字。例言之，馬、鳥、龜等字，便是先民看到了這些動物後，將牠們的外形勾勒出來，成為了後來的方塊字。準此，象形字裏的動物漢字，可以視為古代中國較為常見的動物。

漢語詞彙的發展，大致上以單音節至雙音節或多音節的進程而呈現。在《爾雅》、《方言》、《説文解字》等傳統字書裏所見的動物漢字，主要以單音節的方式出現。今天則不然。不同物種的區分比起從前仔細了許多，從前以為差異不大的，在今天看來可能是大相徑庭。

「仁」是孔門儒家重要的倫理觀念，原本只及於人，説的是人與人之間的關係。但在動物界裏，「仁」也有所反映，一是仁愛及於動物，這顯然是對先秦時代「仁」字的誤解。另一種是將「仁人」的概念投射到動物身上，因而出現了「仁獸」。這些仁獸，可以是「不食生物，不履生草」，十分誇張。不吃有生命的東西，或許是出於飲食習慣，但腳不踏在有生命的植物之上，完全是一舉一動也有着道德價值觀的判斷，這實在是值得探討的現象。

一個漢字，幾種解説，眾説紛紜，言人人殊，麒麟是否真有其物？騶虞是否古動物界的道德先生？某種動物是否出現乃因太平盛世？連船也吞得下的巨魚究竟是甚麼？狗狗是人類的好朋友，為何會襲擊晉國忠臣趙盾？我們心懷的疑問越多，便越希望得到答案。從一個漢字出發，由古到今，圖文並茂，本書願能做到抽絲剝繭，與讀者一步一步地向答案走近。接近答案，並不代表問題全然解決，求學的過程便是這樣。過去，老師在教導我們做研究的時候有兩大步驟，第一是發現問題，第二是解決問題。能夠解決問題固然好，但更重要的是要能夠發現問題。我們也應該秉持着這樣的原則來閱讀本書。我們即使不做學者，但人生總要有着好奇探究的精神，如此則面對複雜的世事才能感受快樂。

漢字與動物，不是我的主要研究方向，是從主方向所生出的旁枝。我本身關注的是唐宋類書研究。類書采輯古籍所載有關事物，必然分門別類，因而可以得見鳥部、獸部、鱗介部、蟲豸部等，且在每部之首，必然引用傳統字書之解説，清晰鮮明。因此，我在過去已出版了一部名為《字書裏的動物世界》的專著。該書面向較為專門，較為適合對中國傳統字書感興趣的讀者。本書則不同。本書將沉重的學術材料儘量化繁為簡，以輕鬆的形式揭示漢字與動物的關係。此外，弘揚中國傳統文化是本書的重點，我們仍會保持所引用的古書原文，在引文以外詳作交代，以示本書的討論並非無的放矢，而皆實有所據。在編撰前書之時，在後記裏曾有這樣的一段文字，請容許我在這裏再次援引：「家裏兩個小孩從小就很喜歡動物，兒子從大象開始，後來是鯨魚、犀牛，近年幾乎彷如天竺鼠化身；女兒則一直鍾情於倉鼠，夢想是長大後成為一隻倉鼠。小時候，他們都要睡前聽故事，而動物故事一直是童話故事的主要來源。因此，在白天研究唐宋類書之餘，晚上又走進以動物為主角的童話故事國度裏，忽然想起一個『無論大小全家一起研究動物』的念頭，於是便開始了本書的撰作。」在幾年後的今天，這個想法依然沒變，只是希望本書走的是更為普及化的路線，適合青年讀者閱讀，使象牙塔裏的學問能夠邁步走出塔外。

是書蒙中華教育邀請撰稿，特別感謝特約編輯劉萄諾女士的辛勞校訂，以及提出許多適切的規劃與建議，在此謹申謝忱。本書不足之處，尚祈四方君子不吝賜正。

潘銘基

2025 年 1 月於香港中文大學教職員宿舍

目錄

古動物界裏的仁獸：麒麟

有些動物，牠的古名與今名並不容易一一對應，甚至我們從來沒有想像過這就是古代的某種動物。

「麒麟」，到底是一種甚麼動物？在中國古代傳統的字書裏，一直有着關於麒麟的記載。不過，字書以載錄漢字的單字為基本單位，而「麒麟」是雙音節的詞語，因此要在字書裏分別尋找「麒」與「麟」的記載。

《爾雅・釋獸》

麐，麕身，牛尾，一角。

譯文

麐，身似獐，尾似牛，一隻角。

《爾雅》沒有收錄「麒麟」二字，但有「麐」字，讀音如同「麟」。麐有着麕（「麇」的異體字）的身體，《說文解字・鹿部》便說「麇」是「獐」。獐是一種哺乳綱偶蹄目的動物，似鹿而體形較小，沒有角；性格機警，善於跳躍。驟眼看來，獐與鹿在外形上也較為相似，所以《爾雅》所言只是比附而已；而「麏」字也从鹿，為下文所引《説文解字》的解説揭開了序幕。

麐還有似牛的尾巴，以及獨角的特徵。牛的尾巴較為粗長，末端有着長而硬的毛髮，像是鞭子或繩子般。此外，牛尾巴可助牛隻維持身體平衡，因此牛在走動期間，其尾巴會左右擺動。還特別着重表明麐的頭上有一隻角，是一隻獨角獸。今天所見的獨角動物並不多，較人所熟知的，例如昆蟲界的獨角仙（japanese rhinoceros beetle）、海洋裏的獨角鯨（narwhal）；而大部分有角動物，牠們的角都是成雙成對的。

《説文解字・鹿部》

麟，大牝鹿也。从鹿粦聲。

麒，仁獸也。麋身牛尾，一角。从鹿其聲。

麐，牝麒也。从鹿吝聲。

《説文解字・鹿部》有着「麟」、「麒」、「麐」

譯文

麟是大母鹿。形聲字，鹿是形符，粦是聲符。

麒即麒麟，是一種仁義的獸名，亦稱瑞獸。其身像麋鹿，尾像牛尾，頭頂只長一隻角。形聲字，鹿是形符，其是聲符。

麐是雌麒麟。形聲字，鹿是形符，吝是聲符。

三字，其中「麟」是體形龐大的雌鹿。「麒」是有仁德的動物，身軀像麇，而麇是似鹿而較大的哺乳動物，「麒」還有着牛尾巴，一隻角；雖然未有表明「麒」是雄是雌，但參考上面所說的「麐」已是雌性的話，「麒」所指的當是雄性。「麐」字結合剛才提及的《爾雅》，「麐」與「麟」兩字讀音相同；所描述的也相去不遠，都是雌鹿，《說文解字》指出「麐」是雌性的麒。

○ 麒麟到底是怎樣的動物呢？

有兩位古代人物跟麒麟關係密切，他們就是孔子和司馬遷，我們可以從他們的事跡獲得更多線索。

孔子生活在春秋時代，為了拯救當時禮崩樂壞的社會，不惜周遊列國，訪尋聖王賢君採用己說，但最後只能失望而回，在家鄉魯國整理典籍，這些典籍亦成為了他的教學內容。在孔子所編撰的典籍裏，其中有一部名為《春秋》。這部典籍，實際上就是魯國的歷史。《春秋》言簡意賅，褒貶史事，以此作為衡量世間萬事萬物的標準。此書的記載始自魯隱公元年（前 722），訖於魯哀公十四年（前 481）。後人亦以「春秋」作為這個時代的名稱。據《春秋》魯哀公十四年的記載，哀公西巡獵獲麒麟。

譯文

魯哀公十四年的春天，西巡獵獲麒麟。

《春秋・哀公十四年》

十有四年春，西狩獲麟。

那麼，為甚麼捕獲一隻麒麟，值得記載在典籍裏？《左傳》是解釋《春秋》的書，解說更為詳細，當中指出當時為魯國叔孫氏駕車的鉏商捕獲了一隻麟，以為不吉利，於是給予掌管山澤苑囿田獵的官員。麟是神靈之物，在太平盛世才會出現，但當時正逢亂世，出非其時，孔子將此事記錄下來以後，就終止了《春秋》的寫作。

譯文

魯哀公十四年的春天，在西部的大野打獵。為魯國叔孫氏駕車的鉏商捕獲了一隻麒麟，以為不吉利，於是給予掌管山澤苑囿田獵的官員。孔子細看，說「這是麒麟」，然後收下。

《左傳・哀公十四年》

十四年春，西狩於大野，叔孫氏之車子鉏商獲麟，以為不祥，以賜虞人。仲尼觀之，曰，「麟也」，然後取之。

特別值得注意的是，近人楊伯峻（1909 – 1992）在《春秋左傳注》的解釋，他說在非洲有一種名為「奇拉夫」（Giraffa）之長頸鹿，極有可能便是古代的麒麟。

司馬遷是西漢人，他的偶像是孔子，其父司馬談臨終前，希望兒子能夠繼承孔子編纂《春秋》之精神。在元狩元年（前 122），漢武帝捕獲白麟 ，並為此作了一首〈白麟〉之歌。這是麟出現的又一記載。如同剛才所説，麟應該見於太平盛世，孔子以為出非其時，故絕筆《春秋》。司馬遷深明此理，故在漢武帝獲麟後而絕筆。《史記・太史公自序》記載《史記》是「至於麟止」的，即載事下限在武帝獲麟之時。結合《爾雅》、《説文解字》、《春秋》、《史記》等四部書的記載，以及楊伯峻的注釋，究竟麒麟是否便是今天我們所説的長頸鹿，仍有待進一步的落實。

○ 明代的麒麟圖

到了明代，當時的畫師繪畫了一些麒麟圖。明成祖永樂三年（1405），永樂帝命令正使鄭和與王景弘率士兵首下西洋，這是鄭和七下西洋的第一次。鄭和七下西洋，時間跨幅長達二十八年，伴隨而來的是不少新奇古怪的各方貢物。《明史・外國七・榜葛剌》便曾記載榜葛剌國（今孟加拉）以麟麒作為貢品。

《明史・外國七・榜葛剌》

永樂六年，其王靄牙思丁遣使來朝，貢方物，宴賚有差。七年，其使凡再至，攜從者二百三十餘人。帝方招徠絕域，頒賜甚厚。自是比年入貢。十年，貢使將至，遣官宴之於鎮江。既將事，使者告其王之喪。遣官往祭，封嗣子賽勿丁為王。十二年，嗣王遣使奉表來謝，貢麒麟及名馬方物。

譯文

明成祖永樂六年，榜葛剌國王靄牙思丁派遣使者來訪中國，進貢本地物產，設宴賞賜不等。七年，榜葛剌使者共來二次，隨從有二百三十多人。皇帝正招徠遠方的國家，頒發賞賜十分優厚。自此每年入貢。十年，進貢的使者將要到來，派官員在鎮江設宴招待他們。使命完成後，使者稟告其國王的喪事。明政府派官員前往拜祭，封嗣子賽勿丁為王。十二年，繼位的王派使者奉表致謝，進貢麒麟以及名馬、本地物產。

明成祖永樂十二年（1414），鄭和的部下楊敏帶回榜葛剌國進貢的麒麟，舉國為之喧騰。這是明代第一次引進麒麟。翌年（永樂十三年，1415），鄭和四下西洋，遠至東非，從麻林國（今肯亞的馬林迪）帶回該國進貢的麒麟。《明史・成祖本紀》云：「麻林及諸番進麒麟、天馬、神鹿。」《明實錄》亦有相關記載。這是明代第二次引進麒麟。

明代儒林郎翰林院修撰沈度於永樂十二年（1414）畫有《瑞應麒麟圖》，畫中描繪了當年鄭和下西洋時榜葛剌國進貢的麒麟。就畫像所見，原來麒麟便是長頸鹿。原畫上部有《瑞應麒麟頌序》，由右至左寫滿，共二十四行。《瑞應麒麟圖》有二枚印章，在畫幅靠左邊緣中央。《瑞應麒麟圖》有兩種臨摹本：一為明代華亭沈慶臨摹，圖中的麒麟身上有鋸齒紋。二為清人陳璋描臨《榜葛剌進麒麟圖》。

從不同地方的語言裏，亦可以窺探「麒麟」與「長頸鹿」的關係。

沈度　瑞應麒麟圖

陳璋摹　榜葛剌進麒麟圖軸

馮承鈞《瀛涯勝覽校注》「阿丹國」條麒麟注：「Somali 語 giri 之對音，即 giraffe 也。」此言「Somali」即今天的索馬里，位處非洲東岸，是昔日鄭和船隊曾經到達的地方。索馬里語中代表長頸鹿的「giri」，便是「麒麟」的音譯。可見遠在非洲的國家，同樣視長頸鹿為麒麟。

再者，東亞地區的日語及韓語中仍將長頸鹿稱作麒麟。日本保留了許多中國古代文化，在今天的日本語裏，「キリン」指的意思便是中國傳統的麒麟，更是日本語裏長頸鹿的意思。大抵日本人在語言裏早就將「麒麟」與「長頸鹿」劃上了等號。

長頸鹿小資料

科學分類：哺乳綱偶蹄目長頸鹿科

一般平均壽命：約 25 歲

分佈：非洲東部、南部、西部、中部

平均身高與體重：身高約 4.3–5.7 米；雄性體重約為 1,192 公斤，而雌性體重約為 828 公斤

瀕危物種紅色名錄：易危

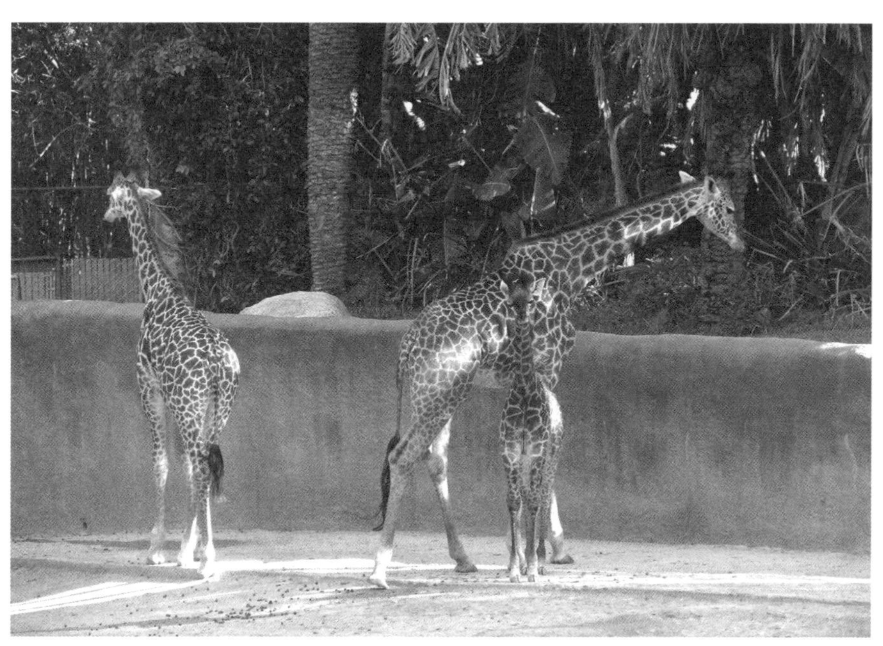

長頸鹿　筆者攝於美國洛杉磯動物園

茹素的騶虞？

茹素，即是不吃肉食葷腥。人類茹素，原因有許多，有的為了養成慈悲之心，有的為了保護環境，有的乃是宗教信仰。動物界的茹素，與人類顯著不同。如果按着吃些甚麼來區分動物，大抵會有植食性動物（herbivore）、肉食性動物（carnivore）、雜食性動物（omnivore）三種。不少植食性動物身形龐大，但最終也只會成為肉食性動物的食物。這次我們來看一種茹素的聖獸，牠每走一步路，要觀察自己有否踐踏有生命的植物；吃每種東西，也要考究牠是否自然死亡的，真的是時刻都要作出抉擇。

騶虞是古代傳説裏的仁獸。先不説「仁獸」，要做到「仁」，一點也不容易。戰國時代的孟軻，在《孟子》裏有著名的討論：

今天，我們大多以為由孔子提出「仁」的觀念，這個説法尚有可以補充之處。無可否認，《論語》有許多討論「 仁」的章節，孔子的學生也不斷向孔子問及「仁」是甚麼，但是，在孔子以前，「仁」字已經頻繁出現。如果我們説《左傳》的作者是左丘明，而左丘明又是孔子的前輩，那麼在《左傳》已見「仁」字四十多次，可見並不待孔

岡元鳳纂輯《毛詩品物圖考》清光緒時期彩繪本　于嗟乎騶虞

子然後方有此觀念。

譯文

同情之心是仁的萌芽，羞恥之心是義的萌芽，推讓之心是禮的萌芽，是非之心是智的萌芽。人有這四種萌芽，正好比他有手足四肢一樣，乃是自然而然的。

《孟子・公孫丑上》

惻隱之心，仁之端也；羞惡之心，義之端也；辭讓之心，禮之端也；是非之心，智之端也。人之有是四端也，猶其有四體也。

可以看到惻隱之心便是仁的開端。《尚書・泰誓上》說：「惟人萬物之靈。」人類雖然有此雅號，孟子卻指出「人之所以異於禽獸者幾希」，表明人和其他動物只有一點分別。人類有成德的願望，人禽之辨使我們跟其他動物區分，分別即使再少，但就是這一點點的差異，便構成了人禽之辨。

○ 一切從《詩經・召南・騶虞》說起……

《詩經》是中國古代最早的詩歌總集。今所見有三百零五篇，按內容分類有「風」、「雅」、「頌」三大類。「風」又稱「國風」，大部分是地方民歌，共有十五組，按地區劃分，其中有一組名為「召南」，

日本江戶時代《繪本寫寶袋》 騶虞

內裏有一首詩正以「騶虞」為名。

《詩經・召南・騶虞》(節錄)

彼茁者葭，壹發五豝。于嗟乎騶虞！

《毛傳》

騶虞，義獸也。白虎黑文，不食生物，有至信之德則應之。

有關〈騶虞〉詩裏的「騶虞」當作如何解說，言人人殊。就白話譯文與《毛傳》所見，已經是兩種截然不同的意見。前者以為騶虞是獵人，後者則以為騶虞是義獸。清人馬瑞辰《毛詩傳箋通釋》以為這裏的「于嗟乎騶虞」句，正與《詩經・周南・麟之趾》「于嗟麟兮」句構造相同，而「麟」為動物，則「騶虞」亦應當是動物。馬氏所言有理可信。

《毛傳》的關注點還包括了騶虞在何時出現。「有至信之德則應之」，究竟是太平盛世，抑或君主盛德，才可吸引騶虞現身呢？在哪一種情況並不重要，重要的是如果騶虞出現，那麼國君必然快樂無比，只因治國卓然有成，才可得見騶虞芳蹤。

譯文

那茁壯的蘆葦做箭桿，一箭發射到五母豬啊，正好樣的獵人啊！[1]

譯文

騶虞是傳說中的義獸。牠的身軀如同白色的老虎，卻有着黑紋。騶虞不吃有動能的生命體。在重視承諾的美德下牠便會隨之而來。

1 周振甫：《詩經譯注》，北京：中華書局，2002 年，頁 34。

徐鼎《毛詩名物圖說》清乾隆三十六年刊本　騶虞

○ 是「仁」獸，還是「義」獸呢？

《說文解字 · 虍部》

虞，騶虞也。白虎黑文，尾長於身。仁獸，食自死之肉。从虍吳聲。《詩》曰：「于嗟乎騶虞。」

譯文

虞即騶虞，獸名。長着黑色花紋的白虎，尾巴比身體還長。牠是傳說中的仁獸，不吃活的動物，以自然死亡的野獸為食。形聲字，虍為形符，吳為聲符。《詩經 · 召南 · 騶虞》：「于嗟乎騶虞。」即此。

許慎以為虞便是騶虞，是獸之名。騶虞是傳說中的仁獸，身上有黑色花紋，與虎相近，然為白色。騶虞之尾巴較諸身體更長，不吃活的動物，以自然死亡的野獸為食。

能夠成為「仁獸」，不是出於騶虞茹素，而是騶虞不殺生。不殺生，不就是茹素嗎？當然不是。許慎指出騶虞是「食自死之肉」。騶虞吃肉，但不捕獵，而只吃一些已死的動物。今天看來，騶虞可堪稱為大自然的清道夫，看來這也是牠得到「仁獸」雅號的主因。

許慎《說文解字》在這裏引用了《詩經 · 召南 · 騶虞》裏的文字。很多時候，我們都會將《說文解字》等同了今天所用的字典，實在是失諸交臂，多有未是。許慎是東漢人，當時人們譽之為「五經無雙」，而《說文解字》載錄許多詞條解說，均非所謂

《古今圖書集成．博物彙編．禽蟲典．第五十八卷》 騶虞圖

本字本義，反之是特有所指，專門為經書文字作解說。這裏為「虞」字作解說，許慎便特別援引了《詩經·召南·騶虞》為證。其實，離開了〈騶虞〉的文本，「虞」字可以有着眾多的解說，而這裏刻意將「虞」釋之為「騶虞」云云，顯然是呼應了《說文解字》作為「經學用書」的編撰方針。

《說文解字》以騶虞為「仁獸」，與上引《毛傳》「義獸」的說法不盡相同。「仁」與「義」，是孟子所見的四德（仁、義、禮、智）之二，大有分別。「仁」說的是人與人的相處，「義」說的是合宜。那麼，騶虞究竟是仁愛的動物，抑或是一舉一動皆十分合宜的動物呢？馬瑞辰《毛詩傳箋通釋》指出《毛傳》裏謂騶虞「不食生物」便是仁德的表現。

《爾雅》沒有騶虞的記載，胡承珙《毛詩後箋》以為「《爾雅》自以獸非常有，偶遺其名，不得因此遂謂古無是物」，胡氏以為騶虞罕見，故《爾雅》遺漏記載其名，但不得因此而謂古代並無騶虞。胡氏此舉，一方面嘗試為《爾雅》失記騶虞開脫，同時也反映了《爾雅》沒有記錄騶虞的事實。

○ 色彩繽紛的騶虞

除了《爾雅》與《說文解字》以外，《山海經》所說也為騶虞增添了姿彩。

《山海經・海內北經》

林氏國有珍獸，大若虎，五采畢具，尾長于身，名曰騶吾，乘之日行千里。

譯文

林氏國有一種珍奇的野獸，大小與老虎差不多，身上有五種顏色的斑紋，尾巴長過身子，名稱是騶吾，騎上牠可以日行千里。

這裏的「騶吾」亦是「騶虞」。清人郝懿行《山海經箋疏》看到了《山海經》的記載與《毛傳》的「白虎黑文，不食生物」，明確分辨《山海經》與《毛傳》敍述騶虞外貌的相異。這裏關於騶虞的描述有幾項重點：

- 騶虞是林氏國的珍禽異獸。
- 身形如老虎般大。
- 有着五彩的斑紋。
- 尾巴較諸身軀更長。
- 能供人乘坐，且日行千里。

相較而言，《山海經》對騶虞的描述主要是外觀上的，沒有道德判斷。《說文解字》以騶虞為「仁獸」，《毛傳》則以為「義獸」。《山海經》所載更有着吉祥的五彩，騶虞至此可以堪稱為瑞獸。

○ 不食生物和不履生草

三國時的陸璣《毛詩草木鳥獸蟲魚疏》云：「騶虞，即白虎也。黑文，尾長于軀。不食生物，不履生草，君王有德則見，應德而至者也。」騶虞在陸璣的筆下成了「不履生草」的動物，連有生命的植物也不踐踏，騶虞之德可謂至鉅。從《毛傳》的「不食生物」，《說文解字》是「食自死之肉」，發展而為「不食生物，不履生草」，騶虞之德，已非筆墨所能形容。可是，動物如何能有道德的判斷，如何可以在走路時避開植物呢？實在值得深思。

騶虞之為仁獸，主因在於其「食自死之肉」的生活習性，跡近今所謂「食腐動物」，如禿鷲、禿鸛、鬣狗、狼獾、豺等，可是人類似乎沒有打算要將此等動物封為「仁獸」。而且，看見食腐動物在處理腐肉的場面，也沒有多少人能夠堅持看下去，這彷彿與只吃「自死之肉」的仁獸有着極大的落差。其實，稱動物為「仁」本身已有問題，仁愛的對象只有人類。儒家的「仁」，从人从二，說的人與人之間各親其親的意思。

○ 騶虞的道德判斷

騶虞出沒有其特點，是「有至信之德則應之」（《毛傳》）、「君王有德則見」（《毛詩草木鳥獸蟲魚疏》），牠的出現與否，與當時君王是否賢德有直接關係。孔子以為士人出仕，「天下有道則見，無道則隱」，在中國古代，天意與人事關係微妙，君主暴行不斷，上天必會示警，終而有人替天行道，改朝換代。司馬遷撰寫《史記》融匯三千年史事於一書，旨在討論天意與人事的分際。騶虞是「君王有德則見」，則無道便隱。因此，騶虞的出現代表了當時君主是位聖王賢君。

明成祖永樂二年（1404）九月丙午，周王朱橚來朝，獻騶虞，百官稱賀，事見《明太宗實錄》。周王朱橚（1361 – 1425）乃明太祖朱元璋第五子，建文帝即位後，朱橚受到猜忌而遭受迫害。靖難之變以後，朱棣登位，是為明成祖。朱橚出於感恩，遂策劃進獻騶虞之事。諸侯王感恩當時皇帝，是否真的心懷感恩，溢於言表，我們並不知道。明成祖朱棣是明太祖朱元璋的第四子，而朱橚即其弟。兄長登位，弟弟早日展示自己完全依順，歌功頌德，也是保命的一法。其獻騶虞，明成祖卻刻意推辭，以為祥瑞雖至，要有戒慎警惕之心。其實，明成祖此舉只是將自己等同古代聖賢之君，表面上若有所憾，心中實在暗喜。今台北故宮博物院藏《明人內府騶虞圖》，作者利用繪畫形式，以騶虞為描繪對象，彰顯明成祖的「仁德至信」。此圖拖尾題跋為明代二十八位官員的賀辭，內容全為歌頌明成祖得「騶虞」事，鋪張揚厲，辭藻雕琢。

不管前代的騶虞是真是偽，這次由朱橚所獻的騶虞，圖文並茂，兼有史為證。據此，騶虞似乎是今人所謂的白虎。可是，騶虞畢竟奔跑速度飛快，而且「不食生物，不履生草」，則又與白虎不盡相同。

○ 原來騶虞是獵豹？

《山海經》是先秦時代的典籍，漢人司馬遷在撰寫《史記》之時，便直言「至《禹本紀》、《山海經》所有怪物，余不敢言之也」，可見《山海經》所載動物均是遠古之物。有關「騶虞」，《山海經》便是最早的記載，先秦的騶虞是色彩斑爛的；自漢代以後，騶虞慢慢變成了「白虎黑文」，甚至是「玉雪之質」（〈瑞應騶虞頌〉），以白色為主了。這種演變，與其説是動物進化的過程，不如説是對騶虞的形象從想像到真實的演化。明代人能夠捕獲騶虞，士人夫對此大為歌頌，顯示明代的騶虞是真有其物的。先秦的騶虞已難以考得其實，明代所得的騶虞，似為今天已經絕種的亞洲獵豹。

據《滅絕的美麗生靈》所載，亞洲獵豹「皮毛短而粗糙，為棕褐色，並散佈着小而圓的黑斑。牠的頭比一般貓科動物要小，但腿特別長，軀體較瘦」，「牠的奔跑速度可達每小時 113 公里，一次跳躍 9.1 米，是跑得最快的陸棲動物」。「因其性情温順，很早以前就有人到野外大量捕捉小獵豹來餵養，但成活率極低。在當時擁有訓練有素的獵豹是那些達官顯貴們的一種富貴象徵，許多有錢有權的人家裏都養有

《三才圖會．鳥獸三》槐蔭草堂藏板　騶虞

獵豹，有的甚至養有幾十隻。」[2] 可是，獵豹有温馴的品種嗎？據王頲考證，指出騶虞應該是「白化」的「王獵豹」（king cheetah）。[3] 這種獵豹身上的圖案並不是一般獵豹的小斑點，而是面積更大的斑紋。王獵豹的背部還長有黑色的條紋，頸上有較長的鬃毛。

不過，怎樣「白化」的王獵豹，還是跟「白虎黑文」的騶虞稍有分別。因此，雪豹（snow leopard）或者更加可能是騶虞。雪豹原產於亞洲中部山區，其主要棲息地在中國天山等高海拔山地。雪豹皮毛為灰白色，有黑色斑點和黑環，尾巴長而粗大，與《明人內府騶虞圖》所繪畫的騶虞最為相似。

雪豹是瀕危動物，在「國際自然保護聯盟瀕危物種紅色名錄」之中。當然，雪豹以高原動物為主食，包括羊、高原兔、旱獺、鼠類等，要做到「不食生物，不履生草」是幾乎沒有可能的。據研究資料所示，雪豹雖然生性兇猛，卻又從不主動襲擊人類。謝云輝說：「外表兇猛的雪豹，只要人不去攻擊牠，牠就不會主動襲擊人。事實上，在有歷史記載以來，天山雪豹也沒有吃人的紀錄。」「原來雪豹在能裹腹的情況下，牠寧肯去吃植物也不輕易去吃牧民養的羊。」[4] 如果要將雪豹視為仁獸，或許便是因為牠有這種的能耐。

2　洪傑、西泠：《滅絕的美麗生靈》，北京：中國工人出版社，2001 年，頁 12－13。

3　王頲：〈明代「祥瑞」獸「騶虞」考〉，《暨南史學》，2005 年第 3 輯，頁 194。

4　謝云輝：〈揭祕「雪山之王」雪豹〉，《大自然探索》，2007 年第 5 期，頁 55–56。

雪豹小資料

科學分類：哺乳綱貓科豹屬

一般平均壽命：8–12 歲

分佈：中亞、南亞山地

平均身長與體重：雄性身長 104–125 厘米，雌性身長 86–117 厘米，一般尾長 78–105 厘米，為身長的 75–90%；體重 30–50 公斤。

瀕危物種紅色名錄：易危

獅子與大雀的二合為一：獅

一加一等於二，但也可以完美結合，合成為一種新事物。獅子與大雀，似乎無緣相遇，卻又神奇地合而為一，成為傳奇。萬獸之王獅子，加上一頭不知名的大雀，可以是怎樣的組合呢？

《漢書・西域傳》記載西域奇珍異物時，以官方使節往來貢品為核心（如大宛駿馬、于闐美玉），以國為本，分類動植物與礦產資源（詳述獅子、葡萄、琥珀等），全篇融合實錄筆法與神異傳說，在記錄商貿實況的同時，投射出「普天之下，莫非王土」的帝國意識。在《漢書・西域傳》有烏弋山離國的記載：

《漢書・西域傳》

烏弋地暑熱莽平，其草木、畜產、五穀、果菜、食飲、宮室、市列、錢貨、兵器、金珠之屬皆與罽賓

譯文

烏弋地方暑熱，地勢平坦，草木茂盛。那裏的草木、畜產、五穀、果菜、食飲、宮室、市場、貨幣、兵器、金珠等都和罽賓國相同，又有桃拔、獅子、犀牛。

同，而有桃拔、師子、犀牛。

獅子，並非中國本土原有的動物，而《漢書．西域傳》記載烏弋山離國有之。《漢書》的敍述十分簡單，只有「師子」二字，這裏的「師子」便是「獅子」。在「師子」二字之下有孟康的注釋：「師子似虎，正黃有顛耏，尾端茸毛大如斗。」師古曰：「師子即《爾雅》所謂狻猊也。狻音酸。猊音倪。」孟康的描述頗為具體，指出獅子長得跟老虎十分相似，正黃色，面頰上有髯鬚，尾巴的末端有一束如斗般大的毛。孟康是三國曹魏人，生活時代距今已遠，但他對獅子外貌的認識十分正確，尤其是尾巴的部分。今天，我們稱獅子尾巴末端的深色長毛為毛簇，最初可能是用以保護尾巴末端無毛的部分，後來適應獅子的羣體生活方式，其顏色亦有助於在羣體間傳遞信息。

○ 來自西域的師子

中國的獅子來自烏弋山離國，烏弋山離即亞歷山大里亞．普洛夫達西亞（Alexandria Prophthasia），實際上是伊朗古國。塞人在大月氏人脅迫之下，南下安息國。安息王派蘇林率軍鎮壓塞人，塞人投降，蘇林建立了政權（位處今阿富汗之法拉省）。這便是《漢書》所稱之烏弋山離國。其地距長安一萬二千二百里，不屬西域都護管轄。

譯文

狻麑，形狀像虦貓，吃虎豹。郭璞注：狻麑即獅子，來自西域。漢順帝時，疏勒王到來奉獻犎牛和獅子。《穆天子傳》指出狻猊每天可走五百里。

《爾雅・釋獸》

狻麑，如虦貓，食虎豹。郭璞注：即師子也。出西域。漢順帝時疏勒王來獻犎牛及師子。《穆天子傳》曰：「狻猊，日走五百里。」

郭璞以為「狻麑」便是獅子，據郭說，中國到了東漢順帝時才首見獅子。不過，早在《爾雅》編撰之時代，似乎已有獅子的形象，但要吃虎豹之說卻未必正確。《説文解字・犬部》：「狻，狻麑，如虦貓，食虎豹者。从犬夋聲。見《爾雅》。」許慎此釋大抵本諸《爾雅》。

《爾雅》與《説文解字》認識無誤的，乃是指出獅子如同虦貓，而今天可知獅子屬貓科；至於其誤者，則以為獅子可以「食虎豹」。

今天，獅子分佈於非洲和亞洲南部地區，生活於茂密之草甸草原（meadow steppe）、稀樹草原，以及開闊之森林草原和灌木叢中。至於老虎，主要生活在熱帶和亞熱帶之長綠樹林，二者要相會並不容易。簡言之，獅在草原，虎在樹林，故《爾雅》、《説文》以為「狻麑」可以「食虎豹」，未必可信。古代之中國人能以「食虎豹」作為「狻麑」之特性，

《三才圖會·鳥獸三》槐蔭草堂藏板　狻猊

更是不可思議。今天，由於嚴重受到人類活動之威脅，獅子在亞洲除印度西北部森林外已基本上野外滅絕。

《漢書．西域傳》

遭值文、景玄默，養民五世，天下殷富，財力有餘，士馬彊盛。故能睹犀布、瑇瑁則建珠崖七郡，感枸醬、竹杖則開牂柯、越巂，聞天馬、蒲陶則通大宛、安息。自是之後，明珠、文甲、通犀、翠羽之珍盈於後宮，蒲梢、龍文、魚目、汗血之馬充於黃門，鉅象、師子、猛犬、大雀之羣食於外囿。殊方異物，四面而至。

譯文

經歷文景無為而治，休養生息五代，天下富庶，財力有餘，兵馬強盛。所以漢武帝能見到犀、象、玳瑁就開建了珠崖等七郡，有感於枸醬、竹杖就開設了牂柯、越雋等郡，聽說天馬、葡萄就打通了大宛、安息之路。從這以後，明珠、玳瑁、通犀、翠羽等珍寶積滿了後宮，蒲梢、龍文、魚目、汗血各種駿馬充滿了黃門，大象、獅子、猛犬、鴕鳥成羣地遊食於苑囿中。遠方的珍奇異物自四面而來。

《漢書．西域傳》贊語極言漢代成立經過五世之後，物產豐盛，奇珍異寶，充斥苑囿，其中提及了「師子」（獅子）、「大雀」（鴕鳥）是兩種動物，二者並無結合在一起，而同時皆盛產於西域。

又，在范曄《後漢書．班梁列傳》裏載有這段文字：「臣老病衰困，冒死瞽言，謹遣子勇隨獻物入塞。」班超以為自己年老有病衰弱困頓，冒死胡言，謹遣兒子班勇隨同奉獻物品入塞。李賢注引《東觀

《爾雅音圖》清嘉慶六年藝學軒影宋本　「狻麑，如虦貓，食虎豹。」

漢記》曰：「『時安息遣使獻大爵、師子，超遣子勇隨入塞』也。」安息所在，即今伊朗及周邊地區，這裏説安息派遣使者來朝進貢，獻上了「大爵」與「師子」，班超派遣兒子班勇隨同貢品入塞。這裏李賢注引《東觀漢記》説的「大爵」即大雀，和獅子是兩種動物。

○ 這個漢字是甚麼動物的結合呢？

在宋人丁度《集韻》裏，我們看到了一個特別的字——「䴓」。

《集韻．脂韻》：「䴓、鳾，鳥名，或省。」這是一種雀鳥的名稱，可以寫作「䴓」或「鳾」；作「鳾」者乃是省去了偏旁「𠂤」，故作「鳾」。《集韻》沒有指出「䴓」的來源，只説這是一種雀鳥的名字。

明人張自烈《正字通．鳥部》：「䴓，舊註音師。鳥名。按：《博物志》條支國西海有獅子大雀。本作師，俗作鰤。」《正字通》所言，除了注音、鳥名等資訊以外，最重要是援引了所謂《博物志》裏的一段文字。在《博物志》裏，説明條支國有一種動物「獅子大雀」，即是「䴓」，牠的名字本作「師」，俗寫作「鰤」。在這裏，我們可以看到張自烈已經將「獅子」和「大雀」二物合而為一，故後文只言是「師」一字俗作「鰤」。

為甚麼説是「所謂」的《博物志》呢？因為晉人張華《博物志》並沒有這條記載。不過在《續博物志》卻可尋得其蹤影。《續博物志》

由宋人編撰，卷三「條支國」載云：

> 條支國，臨西海，出師子、太雀。郭義恭《廣志》曰：大雀頸及身、膺、蹄都似槖駞，舉頭高八九尺，張翅丈餘，食大麥。其卵如甕，今之駞鳥也。漢元帝時有大鳥如馬駒，時人謂之爰居。

譯文

條支國，依傍西海，出產師子、太雀。郭義恭《廣志》說：大雀的頸項、身體、胸、蹄等都與橐駝相似，抬起頭來高八至九尺，張開翅膀後大一丈有餘，以大麥為食物。大雀的鳥蛋如同酒瓮般大，牠們就是今天所言之駝鳥。漢元帝時，有大鳥如同小馬，當時的人稱其為爰居。

古籍本無標點斷句，離經辨志乃由後人所為。《續博物志》之「師子、太雀」，據後文所引晉人郭義恭《廣志》，誤會可能因此而起。《廣志》指出，大雀的頸項、蹄皆與駱駝相似，身形高大，抬頭時候高八至九尺，翅膀打開了有一丈多長。大雀的糧食是大麥。大雀所生蛋如酒瓮般一樣巨大，其實即是今天所言鴕鳥。在漢元帝時，有一大鳥如馬般大，當時的人稱之為「爰居」。明顯地，《廣志》只是解釋了「太雀」，而沒有及於「師子」，大抵因其不難明白。可是，因為《廣志》沒有注釋，後世學者以為《廣志》旨在注釋一種名為「師子太雀」的大鳥，即《正字通》所言「鰤」。其實，《廣志》所注釋之「大雀」，顯而易見乃即今之所謂鴕鳥。

〇 條支國究竟在哪裏？

條支國（又作「條枝國」），即塞琉古帝國，又稱塞琉古王朝或塞流卡斯王朝、塞流息得王朝。條支國由亞歷山大大帝部將塞琉古一世所創建，其疆域以敍利亞為中心，包括伊朗和美索不達米亞在內。在《史記・大宛列傳》裏，也有條支國的記載：

條枝在安息西數千里，臨西海。暑溼。耕田，田稻。有大鳥，卵如甕。人眾甚多，往往有小君長，而安息役屬之，以為外國。國善眩。安息長老傳聞條枝有弱水、西王母，而未嘗見。

譯文

條枝在安息西面幾千里，臨近西海。炎熱潮濕。耕田，種稻。有大鳥，產的蛋像酒瓮一樣大。人口很多，往往有小君長，而安息役使管轄條枝，把它當作外番國。國人精通幻術。安息的老年人傳說條枝有弱水、西王母，可從沒有見過。

這裏所說的「西海」，或許就是波斯灣、紅海、阿拉伯海，以至印度洋西北部的位置。在中土以西的大幅水源，中國人便稱其為「西海」。《漢書・西域傳》的大雀、《後漢書》、《續博物志》等的描述，其實也不過是陳陳相因，所說的顯然便是今所見之鴕鳥。

○ 原來是鴕鳥

鴕鳥，乃現存世界上最大之鳥。鴕鳥蛋重量可達 1.3 公斤，為當今世上最大之鳥蛋，相較鴕鳥之身形而言，鴕鳥蛋按比例來說乃是鳥中最小。又，在《漢書・西域傳》安息國「有大馬爵」句下：

> 師古曰：「《廣志》云『大爵，頸及膺、身、蹄似橐駝，色蒼，舉頭高八九尺，張翅丈餘，食大麥』。」

譯文

顏師古注引郭義恭《廣志》說：大雀，牠的頸項、胸部、身軀、蹄皆與橐駝相似。青黑色，抬起頭來高八至九尺，張開翅膀有一丈餘，以大麥為食物。

顏師古是唐代人，他所援引的《廣志》，正是與上引《續博物志》所引相同。元人王惲《玉堂嘉話》：「曰駝鳥者，即安息所產大馬爵也。」可知「大馬爵」亦即鴕鳥也。

○ 古人解說大集合

結合諸家注解所言，此大鳥高八九尺，《廣志》作者郭義恭為晉人，當時的一尺大約是 30 厘米，則大鳥高約 240 至 270 厘米。我們觀察今天的鴕鳥，

《古今圖書集成．博物彙編．禽蟲典．第五十一卷》 駝鳥圖

雄鳥體形較雌鳥為大，身高大約 200 至 250 厘米，最高可達 270 厘米，雌鳥體形略小，身高大約 175 至 190 厘米，如此則與《廣志》所言的鴕鳥體形相近。此外，一丈等同十尺，據此而論，大鳥張翅長度超過 300 厘米，此亦與今所見鴕鳥相同。至於大鳥有與駱駝相似之處，亦與鴕鳥相同。鴕鳥頸長，與駱駝相同；駱駝足寬闊具墊，在沙中行走可起穩定作用，鴕鳥腿壯而無毛，以二趾站立，其大者即呈蹄狀。鴕鳥屬於草食性單胃禽類，主要吃漿果和肉莖植物，亦兼及如蝗蟲、螞蚱等昆蟲。上引《廣志》等以為大鳥食大麥，大麥自為植物，這種習性亦與鴕鳥無異。

○ 因誤會而起的結合

獅子是哺乳類動物，鴕鳥是卵生的鳥類，兩者結合，實在是不可思議。還有，二者是如何結合呢？究竟是獅頭鳥身，抑或是鳥首獅身呢？無論是如何的組合，怎樣的想像，這種動物只能活在傳說之中，不太可能是事實。

「鰤」其實即是鴕鳥，與獅子最接近的特點，大抵只有鴕鳥生性較為兇悍而已。事實上，古文獻所記載的鴕鳥，本身已經是非常神怪。

《魏書·西域傳·波斯國》

有鳥形如橐駝，有兩翼，飛而不能高，食草與肉，亦能噉火。

《新唐書·吐火羅傳》

永徽元年，獻大鳥，高七尺，色黑，足類橐駝，翅而行，日三百里，能噉鐵，俗謂駝鳥。

王惲《秋澗集》卷九四劉郁〈西使記〉

海西有富浪國［……］有大鳥，駝蹄蒼色，鼓翅而行，高丈餘，食火，其卵如升許。

在以上三段記載裏，可以看到鴕鳥能夠吃火吃鐵，這只能説是出於古人豐富的想像力。在今天看來，鴕鳥無牙，會吞食石子以磨碎胃中的食物，古人或許以此為「噉鐵」;「噉火」則實在是難以解釋。鴕鳥並不罕見，以上三段文獻，分別指出波斯、吐火羅、富浪國皆有鴕鳥。波斯即今之伊朗；吐火羅乃古時聚居在新疆塔里木盆地一帶的吐火羅人；富浪國即今之塞浦路斯。現在可見的鴕鳥主要是非洲鴕鳥，生活在非洲，其他大陸則罕有所見。波斯在

譯文

有一種鳥形如駱駝，有兩隻翅膀，能飛但飛不高，食草和肉，也能吞吃火。

譯文

永徽元年，吐火羅進獻大鳥，七尺高，黑色，足類似駱駝，展翅行走，日行三百里，能吃鐵，俗稱駝鳥。

譯文

大海之西有一富浪國［……］有一種大鳥，蹄如駱駝，青黑色，可展翅飛行，高一丈有多，吃火，牠的鳥蛋，其大小有一升多。

西亞，吐火羅在中亞，富浪國今屬歐洲，但在古代此等地區貿易頻繁，或許導致鴕鳥輾轉輸入中國。

今天，我們對於鷞的認識非常有限，因古書之記載過於簡略。但是，在早期的載錄裏，根本沒有鷞的記載。獅子、大雀本是兩種動物，所謂條支國出產此二物種，而非有一種「獅子大雀」的動物。鷞是鳥名，便是古書裏所說的大鳥，取之與今所見物種細加比較，實乃鴕鳥無疑。

鴕鳥小資料

科學分類：鳥綱鴕鳥目鴕鳥科

一般平均壽命：30–40 歲

分佈：非洲稀樹草原

平均身高與體重：雄性體形較雌性大，身高約 2–2.5 米，最高可達 2.7 米，體重約 100–150 公斤。雌性體形略小，身高約 1.75–1.9 米，體重約 100 公斤。

瀕危物種紅色名錄：無危

人心可使的大狗：獒犬

人類是羣居的動物，狗是人類最早開始馴養的其中一種動物，這個時代距離今天一萬午，當時乃是新石器時代。這個時代的狗主要協助主人打獵。狗成為人類的寵物，唐代已有出現。在 1972 年發現，位於吐魯番地區的阿斯塔那古墓裏，便可見今人命名為〈雙童圖〉的唐代絹畫。就以下局部剪裁所見，小童抱着一隻捲毛小狗，小狗神態輕鬆，四處張望。顯而易見，畫中的小狗當為寵物。

唐代〈雙童圖〉

○「犬」和「狗」

東漢許慎《説文解字》收錄了「犬」和「狗」這兩個字。

《説文解字・犬部》

犬，狗之有縣蹏者也。象形。孔子曰：「視犬之字如畫狗也。」凡犬之屬皆从犬。

譯文

犬，狗中有懸空而不着地的蹄趾的一種。象形字。孔子說：「看犬字像畫狗的樣子。」大凡犬的部屬都从犬。

《説文解字・犬部》

狗，孔子曰：「狗，叩也。叩气吠以守。」从犬句聲。

譯文

狗，孔子說：「狗，扣擊。狗聲砰砰如扣擊，出氣而吠叫，用以守禦。」形聲字，犬為形符，句為聲符。

有關「犬」字，《説文》指出牠的身體特徵，那便是所謂「縣蹏」云云。清人徐灝《説文解字注箋》云：「犬為凡犬、獵犬之通名，小者謂之狗。渾言則狗亦為通名矣。懸蹏，蓋指獵犬言，惟獵犬足上有一趾不履地。」這裏説明了「犬」是犬和獵犬的通名，而「縣蹏」指的是獵犬腳上有一隻腳趾是不着地的。可見《説文解字》乃是着眼於「犬」的身體特徵。徐灝的解釋也表明了「狗」和「犬」

《三才圖會．鳥獸三》槐蔭草堂藏板　犬

大致上並無差別，分而言之則可見「犬」是大狗、獵犬，「狗」是小狗。

○ 可以使喚的四尺大犬

人類的朋友大多數應該同是人類，不過，狗卻成為了人類最忠實的朋友，這是因為牠能夠了解人心。

《說文解字・犬部》

獒，犬如人心可使者。从犬敖聲。《春秋傳》曰：「公嗾夫獒。」

譯文

獒，狗中能如人意可以使喚的一種。形聲字，犬為形符，敖為聲符。《春秋左傳》說：「晉靈公唆使那猛狗。」

獒不是一般的狗，言「人心可使」，即能聽從人的意願而可供驅使的犬，可見獒犬特別服從人的命令。《爾雅・釋畜》特別關注牠的大小，云：「狗四尺為獒。」以為身高四尺的狗便是獒犬。《廣韻・下平・豪》説得更為清晰，謂：「獒，犬高四尺。」清楚表明「四尺」是牠的身高，也可知「高四尺」是牠的特點。

○ 棄人用犬，雖猛何為

獒犬的厲害之處，我們可以在春秋時代晉國君主靈公欲以獒犬襲擊賢臣趙盾一事可知。

《左傳・宣公二年》

秋九月，晉侯飲趙盾酒，伏甲，將攻之。其右提彌明知之，趨登，曰:「臣侍君宴，過三爵，非禮也。」遂扶以下。公嗾夫獒焉，明搏而殺之。盾曰:「棄人用犬，雖猛何為！」鬬且出。提彌明死之。

譯文

秋九月，晉侯請趙盾喝酒，埋伏了甲士，打算攻擊殺死趙盾。趙盾的車右提彌明察覺了，快步登上殿堂，說:「臣下侍奉國君飲酒，超過三杯，就不合禮儀了。」於是就扶了趙盾下殿。晉靈公嗾使惡狗猛撲趙盾，提彌明上前搏鬥而殺死了牠。趙盾說:「丟開人而利用狗，雖然兇猛，又有甚麼用！」邊搏鬥邊退出去。提彌明死在裏邊。

根據《左傳》記載，晉靈公為君不守君道，大量徵稅以滿足奢侈生活。靈公從高台上用彈丸射人，以觀其避丸之狀。有一次，廚師沒有將熊掌燉爛，靈公便下令殺掉廚師，放在筐裏，命人以頭頂着帶離朝廷。趙盾和士季看見露出了死人的手，便查問廚師被殺的原因，得知後便為晉靈公的無道而感到擔憂。二人欲勸諫靈公，士季以為如果二人一起去進諫而國君不聽，即無以為繼，遂先行勸諫，如果靈公不接受，趙盾則可繼續進諫。

士季往見晉靈公，靈公表示已經知錯。可是，靈公並沒有真的改過。趙盾再三勸諫，靈公漸生厭惡，於是派遣鉏麑刺殺趙盾，卻未能成功。

魯宣公二年秋天九月，靈公宴請趙盾，事先埋伏武士，準備殺掉趙盾。君主居然要出動士兵，埋伏殺害臣子，也是奇怪的事情。但這個陰謀很快便給趙盾身邊的提彌明發現了。提彌明是趙盾的車右，即趙盾乘車時在駕馭者右邊的武士，也是在古代戰車上三人（分別是在左的尊者，居中的御者，以及在右的武士）裏負責抵禦敵人之人，理當是武力高強者。

提彌明快步走上殿堂，對着晉靈公曉以大義，指出臣下陪伴君王宴飲，酒過三巡仍不告退，那便是不合禮儀了。因此，提彌明扶起趙盾走下來。這時候，晉靈公派出了埋伏在旁的獒犬咬噬趙盾。提彌明徒手與獒犬搏鬥，打死了獒犬。趙盾在危急之際，仍不忘勸諫君主，以為棄人用犬，雖然兇猛卻有何用。趙盾與提彌明二人與埋伏的武士邊打邊退。可惜的是，英勇無比的提彌明戰死了。

對於這裏出現的「獒」字，晉人杜預注：「獒，猛犬也。」只是指出了牠的兇猛，而沒有其他資訊。楊伯峻《春秋左傳注》援引《爾雅．釋畜》、《說文解字》之文，以為獒犬身高四尺，乃知人心而可使者。上引《說文解字》釋「獒」字引《春秋傳》曰「公嗾夫獒」，所謂《春秋傳》者便是《左傳．宣公二年》的這段文字。

○ 可以嗾使的犬

這裏還有一點值得注意，《左傳》「公嗾夫獒焉」句，「嗾」是使喚犬隻之意，《玉篇》卷五「嗾」字條下云：「《左氏傳》曰：公嗾夫獒焉。《方言》云：秦晉冀隴謂使犬曰嗾。」據《玉篇》所引《方言》，知「嗾」字是秦、晉、冀、隴一帶的方言，即是使犬之意。在今天我們所見的《方言》裏，並沒有「嗾」字的記載。今根據清人錢繹《方言箋疏》的考證，知「哨」、「嗾」、「哾」、「屬」等字意義相同，可見「嗾」也有使喚的意思。換而言之，獒雖然兇猛，但人可使喚之，晉靈公使喚獒襲擊趙盾便是證據。因此，後來有人以獒犬協助狩獵，以其兇猛而可使也。

○ 獒犬的特徵

在生物分類法裏，獒乃哺乳綱食肉目犬科犬屬灰狼種的動物。獒的主要品種包括藏獒和雪獒。獒的體形高大，垂耳，長毛，性情兇猛，能助人類打獵，亦能用以看門或警戒。以藏獒為例，一隻純種成年藏獒重 50 至 60 公斤，身長約 1 米，肩高 60 厘米以上。在不同時代，一尺的長短也有分別。《爾雅》乃秦漢之間的典籍，按此推算，四尺高的獒犬大約等同 92 厘米。此數字雖較今之獒犬肩高 60 厘米有異，然古人大抵不計算肩高，而從頭部開始以作目測，則古書裏的四尺之獒與今之獒犬身高相差無幾。

○「獒」與「猶」的迷思

戰國時代有一部名為《尸子》的典籍，其中有云：「五尺大犬為猶。」指出「猶」是五尺的大犬。《爾雅・釋畜》則謂「狗四尺為獒」，所釋乃身高四尺的獒犬，二者雖同為犬，當是二種，高四尺者曰獒，高五尺者曰猶。清人汪繼培《尸子校正》明確指出「猶」來自《爾雅・釋獸》；與《爾雅・釋畜》之「獒」當為二物。

藏獒最早的文獻記載，來自威尼斯共和國的商人、旅行家及探險家馬可波羅（Marco Polo, 1254 – 1324）的《馬可波羅行紀》（*Livres des merveilles du monde*）。在遊記中，記述馬可波羅從成都到達西藏時，得見西藏「有無數番犬，身大如驢，善捕野獸」（《馬可波羅行紀》第一一五章「重言土番州」），這裏所說的番犬，身形高大，天生善於捕獵，產自西藏，當即藏獒無疑。前文援引《說文解字》，指出獒犬乃「犬如人心可使者」，可知獒犬能聽從人的意願而可供驅使，故極為適合狩獵之用。今天，人類飼養狗隻，特別看重狗的服從性。藏獒雖然生性兇猛，但如能加以馴養，當可在狩獵場上大顯身手，協助主人捕捉獵物。

清郎世寧畫十駿犬蒼猊犬（即藏獒）

○ 獒犬與獅子

宋末元初的錢選，有「西旅獻獒圖」之作。

《尚書・旅獒》

惟克商，遂通道于九夷八蠻。西旅厎貢厥獒。

譯文

周武王滅商之後，便開闢了通往周邊各個少數民族地區的道路。西方的戎國來進獻大犬。

唐人孔穎達解釋此文，指出「西旅」即是西戎，乃西部的部落。早在先秦時期，西部的少數民族就已開始向中原進貢獒犬。《尚書・旅獒》旨在勸戒帝王不能因所貢獒犬而玩物喪志。歷代有不少「貢獒圖」，其目的在於歌功頌德，用以彰顯「萬國來朝」的氣勢。可惜，錢選筆下的「獒」，明顯地是獅子而非獒犬。元末明初的詹同，撰有《出獵圖》詩，其云：「蒼鷹欻起若飛電，四尺神獒作人立。」（《明詩別裁集》卷一）這裏指出獒犬身高四尺，可以像人類一般站立。蒼鷹與神獒，大抵皆在協助獵人狩獵。

錢選　西旅獻獒圖（局部）

獒犬小資料

科學分類：哺乳綱食肉目犬科

一般平均壽命：10–12 歲

分佈：高山地區

平均身高與體重：肩高 65–76 厘米，體重 40–86 公斤

五福臨門的哺乳動物：蝙蝠

動物是大自然的一部分，同樣地，人類亦然。很多時候，出於對大自然環境的敬畏，人類總是將天意與人事扣連上無盡的關係。

我們都會聽過「五福臨門」這句成語，據《尚書・洪範》，「五福：一曰壽，二曰富，三曰康寧，四曰攸好德，五曰考終命。」可知五福所指的是長壽、富足、康健平安、愛好美德、善終正寢。

○ 五福與五蝠

「五福臨門」裏的「福」，與「蝙蝠」的「蝠」讀音相同，有着諧音關係。因此，蝙蝠在中國傳統文化裏有吉祥的象徵。在不少以「五福臨門」為主題的年畫、玉石裏，我們會看到描繪的正是五隻蝙蝠，蝙蝠是吉祥到來的象徵。

五福來臨，自然是美妙之事，關鍵在於能夠一起到來。例言之，能夠長壽固然好，可是一直過着貧窮的生活，雖説「知足者貧亦樂」，但終究不如生活富貴的人過得舒泰。另一方面，如果有人生活富泰，可是一點也不健康，最後短命早夭，那也是多所有闕。因此，能夠做到長壽、富貴、康寧、好德、善終，五者俱備，才是美滿人生。

○ 蝙蝠與服翼

讓我們來看看傳統字書對於蝙蝠的記載吧！

《爾雅．釋鳥》

蝙蝠，服翼。

譯文

蝙蝠又稱服翼。

《爾雅》指出蝙蝠又稱「服翼」，這種解釋並沒有作出任何有意義的説明，僅僅指出了「蝙蝠」的別稱。唐人歐陽詢所編《藝文類聚》卷九十七引《孝經援神契》云：「道德遺遠，蝙蝠伏匿，故夜食。」指出蝙蝠的生活習性，乃是白天伏匿，晚上覓食。清人郝懿行《爾雅義疏》從聲音角度着眼，以為「伏匿、服翼聲相近」，因此「服翼」有着「伏匿」，即晝伏夜出的生活習慣。蝙蝠是唯一真的懂得飛翔的

《爾雅音圖》清嘉慶六年藝學軒影宋本　「蝙蝠，服翼。」

哺乳動物，在《爾雅》裏古人誤以為其份屬鳥類，故置於「釋鳥」之中。這雖然是一種誤解，但先民認知有限，自是無可厚非。

《説文解字》是東漢許慎解釋單字的經學用書，書內正文都是單字編排。蝙蝠是一個語素的單純詞，「蝙」與「蝠」二字不可分離；「蝙」沒有了「蝠」便不能成義，反之亦然。

《説文解字・虫部》

蝙，蝙蝠也。从虫扁聲。

蝠，蝙蝠，服翼也。从虫畐聲。

譯文

蝙，蝙蝠。形聲字，虫為形符，扁為聲符。

蝠，蝙蝠，又叫服翼。形聲字，虫為形符，畐為聲符。

語素是最小而有意義的語言單位。《説文解字》在「蝙」與「蝠」字的解説裏，為讀者揭示了二字必需要合為「蝙蝠」才有意義。「蝙蝠」二字乃一語素，二字只能緊扣在一起，在傳統字書裏，我們找不到「蝙」還可以跟其他字組成的詞彙。古漢語詞彙以單音節為主，但雙音節的也是有的，聯綿詞指的是兩個音節連綴成義而不能拆開的詞。「蝙蝠」二字構成的正是聯綿詞。《説文解字》收錄並予以解釋的都是單字，可是「蝙蝠」不能分割，分開了便沒有特別的意義。因此，「蝙」和「蝠」二字只能分開解説，但卻位置相連，且釋義相同。

還可以參看西漢末年揚雄《方言》的解釋：

《方言》第八

蝙蝠，自關而東謂之服翼，或謂之飛鼠，或謂之老鼠，或謂之僊鼠。自關而西秦隴之間謂之蝙蝠。北燕謂之蟙𧍢。

譯文

對於蝙蝠，函谷關以東的地區稱之為「服翼」，也有的稱之為「飛鼠」，有的稱之為「老鼠」，還有的稱之為「僊鼠」。在函谷關以西，古秦國和隴縣之間的地區使用「蝙蝠」這個名稱。北部古燕國地區稱之為「蟙𧍢」。

可見在不同的地域，蝙蝠有着相異的名字。秦漢時期，以函谷關為界，東為「關東」，西為「關西」。關東地區稱蝙蝠為服翼、飛鼠、老鼠、僊鼠，關西地區則稱之為蝙蝠，燕之北面則稱之為蟙𧍢。蝙蝠可稱服翼，這在上文已曾交代，此不贅言。但蝙蝠可否等同飛鼠或老鼠，卻教人費煞思量。

○ 曹植所認識的蝙蝠

不單在字書裏，文學作品裏也經常見到蝙蝠的描寫。曹植撰有〈蝙蝠賦〉(見《曹植集校注》卷二)，代表了當時人對蝙蝠的認識：

《古今圖書集成．博物彙編．禽蟲典．第一百七十二卷》 伏翼圖

〈**蝙蝠賦**〉

吁何奸氣！生茲蝙蝠。形殊性詭，每變常式。行不由足，飛不假翼。明伏暗動，□□□□，盡似鼠形，謂鳥不似，二足為毛，飛而含齒。巢不哺鷇，空不乳子。不容毛羣，斥逐羽族。下不蹈陸，上不馮木。

譯文

啊！是甚麼樣的奸邪之氣，生成了這樣的蝙蝠！這蝙蝠從形態到習性，各個方面，總是改變常規、常理，讓人難以琢磨。牠步行的時候不用腳，飛翔而不依仗翅膀。白天休息，晚上出動。牠的許多特性，都與鼠類相似，雖然能夠飛翔，卻與鳥類也不相似。蝙蝠有兩隻腳，身體有毛髮，能夠飛翔並有牙齒。雖然築巢，卻不餵哺幼雛。獸類容不下牠，鳥類也斥逐牠。飛翔後牠不着陸，也不停留在樹木之上。

在這裏曹植指出蝙蝠乃是充滿奸氣的動物。蝙蝠外表怪異，與常見的禽獸不太相同。蝙蝠移動的時候不用腳，飛翔的時候不用翅膀。蝙蝠是晝伏夜出的。形狀如鼠，説是鳥但又不像，蝙蝠腳上有毫毛，能飛而嘴裏有牙齒。蝙蝠巢居但不哺食鳥雛，無鳥類之特徵。蝙蝠不為獸類所容，亦嘗為鳥類所驅逐。蝙蝠不在陸地上行走，也不在樹木上棲息。曹植是東漢末年三國時人，看到全賦如此具體的描述，可見當時對蝙蝠的認識已經十分全面。

我們仔細觀察蝙蝠，可見牠們的翼膜和腿是連在一起的，所以不能站立，在地面上只能爬行，呼應了曹植所説的「行不由足」。「明伏暗動」説的是蝙蝠的生活習性，晝伏而夜出。今天，約有 70% 的蝙蝠捕食昆蟲，而這些昆蟲如飛蛾、小飛蟲等，大多在晚上出沒，因此蝙蝠也只能在這個時候活動。

當然，蝙蝠有許多的品種，例如在香港得見的短吻果蝠，主要吃的便是水果；然而，即使是短吻果蝠，牠們也並不介意將昆蟲也一併吃掉。

○ 動物與食物

人與大自然如何取得平衡，有甚麼可吃甚麼不可吃，歷來有許多的爭論。吃了本不該吃的東西，往往引發出不同類型的疾病。以下是崔豹《古今注》和葛洪《抱朴子》的記載：

《古今注》卷中

蝙蝠，一名仙鼠，一名飛鼠。五百歲則色白。腦重集物則頭垂，故謂倒挂，蝙蝠食之成仙。

譯文

蝙蝠，又稱仙鼠，又稱飛鼠。牠的顏色到了五百歲時便會變成白色。牠的腦袋積聚了許多東西，因此只能倒掛，所以又稱為倒挂。吃了蝙蝠，便可以成為神仙。

《抱朴子・仙藥》

千歲蝙蝠，色白如雪，集則倒縣，腦重故也。……陰乾末服之，令人壽四萬歲。

譯文

千歲蝙蝠，顏色白得如同白雪，停下聚集時常常倒掛着，這是由於腦袋比身子重的緣故。……在沒有陽光的地方晾乾後研成粉末服食，可以使人得到四萬歲的壽命。

晉人崔豹在《古今注》裏告訴了我們幾個蝙蝠

的名字，如「仙鼠」、「飛鼠」等。活了五百年的蝙蝠，變成了白色。由於蝙蝠的腦重，所以牠們只能倒掛着。這解釋了蝙蝠的生活習性。如果把蝙蝠吃了，人便可以成仙。我們今天看到的蝙蝠，大多數是褐色、灰色和黑色的。如果有白色的蝙蝠，似乎只可能是白化的蝙蝠，牠只是罕見，而不可能是因為活了五百歲。

同為晉代人，葛洪《抱朴子》具體地説明蝙蝠的藥效。這裏白色的蝙蝠，更要花上一千年才可以進化如此。將一千歲的蝙蝠晾乾以後，舂成粉末，服用後更可使人享壽四萬歲。這肯定是誇大之詞，未可遽信。

然而，在明人李時珍《本草綱目》裏，便直接指出蝙蝠不可食用。

《本草綱目》

伏翼形似鼠，灰黑色。有薄肉翅，連合四足及尾如一。夏出冬蟄，日伏夜飛，食蚊蚋。自能生育，或云鼉虱化蝠，鼠亦化蝠，蝠又化魁蛤，恐不盡然。生乳穴者甚大。或云燕避戊己，蝠伏庚申，此理之不可曉者也。若夫白色者，自有此種

譯文

伏翼樣子像老鼠，灰黑色。有着薄肉翅，同四足及尾聯結成一。夏天出沒冬天隱藏，白天休息晚上活動，以蚊蚋為食物。自我繁殖，有人説鼉虱能化生為蝙蝠，鼠也能化生為蝙蝠，蝙蝠又化生為魁蛤，恐怕不盡然。生長在乳穴中的非常大。有人説燕子避開戊己之日，蝙蝠伏匿庚申之日，這個道理難以明白。至於白色的，自然有這種。《仙經》認為牠千百歲，吃了令人不死，這都是方士的狂言。陶氏、蘇氏信以為真，實在是迂誕。

《三才圖會．鳥獸六》槐蔭草堂藏板　服翼

爾。《仙經》以為千百歲，服之令人不死者，乃方士誑言也。陶氏、蘇氏從而信之，迂矣。

李時珍指出了蝙蝠的一些特點，並特別指出白化蝙蝠是一特別品種，而不是蝙蝠之有千百歲。進言之，李時珍批評陶弘景注《神農本草經》、蘇恭《唐本草》皆以為白蝙蝠食之可以不死，實乃迂誕之說。李時珍指出，以為蝙蝠可以食用，這種說法始自葛洪《抱朴子・仙藥》所言，許多人本於此說而受到誤導。李時珍生活在五百年前，能夠辨清荒誕之說，誠為卓識，《本草綱目》不愧為中國古代本草學集大成之作。

《本草綱目》（附圖）張刊本　伏翼

○ 蝙蝠與鼯鼠

無論是《方言》的記載，抑或是《古今注》的說法，都提到蝙蝠又稱之為「飛鼠」，這種說法並不正確。

飛鼠即鼯鼠，外觀上或許與蝙蝠有些相似，而且看似能飛，可與蝙蝠相比。可是，鼯鼠在現代生物分類法屬哺乳綱齧齒目松鼠科鼯鼠族，與蝙蝠之屬翼手目全然不同。鼯鼠的飛膜可以幫助牠在樹與樹之間快速滑行，但由於無法產生足夠的升力，因此鼯鼠只能滑翔，而不能真正的飛行。

《荀子・勸學》

鼯鼠五技而窮。楊倞注：能飛不能上屋，能緣不能窮木，能游不能度谷，能穴不能掩身，能走不能先人。

譯文

鼯鼠有五種技能卻陷於困境。楊倞注：可以飛翔卻不能飛上屋面，可以爬樹但不能爬到樹梢，可以游泳但不能渡過山谷，可以挖洞但不能藏身，可以奔跑但不能追過人。

荀子指出鼯鼠本領眾多，卻又有許多不足，其中「能飛不能上屋」，已經說明鼯鼠不能向上飛行的事實。鼯鼠的本領，還可彰顯在「五靈脂」的藥用價值。五靈脂，中藥材名，乃橙足鼯鼠和飛鼠等的乾燥糞便。在採得以後，還要揀淨砂石、泥土等雜質。據藥理學研究測定，五靈脂含有大量樹脂、尿酸及維生素 A 類物質，最常用於活血祛瘀。糞便也有用處，是鼯鼠本領眾多的又一反映。

蝙蝠在近年來一直予人與病毒有密切關係的印象，回首過去，牠卻是代表了如意吉祥。五福臨門與病毒纏身皆緣於同一種動物，禍福相倚，也為人與大自然應當如何和諧共處指引了正確的方向。

蝙蝠小資料

科學分類：哺乳綱翼手目

一般平均壽命：20–40 歲，部分品種的壽命可以超過 40 歲

分佈：除了極地和大洋中的部分島嶼以外，遍佈全球

平均身長與體重：現生種共有 21 科 234 屬 1399 種，各種的身長和體重有所差異。鬃毛利齒狐蝠（Acerodon jubatus），又名菲律賓果蝠，是世界上最大型的蝙蝠。翼展最少闊 1.5 米，重約 1.2 公斤。泰國豬鼻蝙蝠（Kitti's hog-nosed bat）是目前世上最小的蝙蝠，身長只有 3 厘米，翼展也只有 13 厘米，重約 0.002 公斤。

瀕危物種紅色名錄：因品種而異

橫走曠野的兩頭走獸：兕與犀

「兕」的字形，看起來已經十分奇特，有點教人莫名其妙。漢字的特點是每一個均有三個屬性，即形（形狀）、音（聲韻）、義（意義）。有一種文字是看到它的形狀，我們便可以猜得其意義，這便是象形字。

「兕」是甚麼動物呢？這個字在商代的甲骨文裏已經出現了，有以下的形態。

[1]

甲骨文裏的「兕」字

1　三個甲骨文字形，從左至右，分別參自：一、《甲骨文合集》（CHANT: 1651）；二、蘇、德、美、日所藏甲骨（CHANT: S0363A）；三、《甲骨文合集》（CHANT: 3360）。

「兕」的甲骨文是一種獨體象形字，像犀牛一類的動物，頭上有角。後來，角形演變為「凹」，而身體則變成四條斜筆，字形寫作「舄」，屬「兕」之異體。在甲骨文字形裏，「兕」是平面而視之獸，兩腳，有尾，巨首，獨角；《說文解字》所載古文字形與此相類，卻由獨角變成對角。小篆「舄」字反映筆畫之規範化，並且長出了四隻腳，與我們今人認識的獸類相同。接下來，讓我們來看看字書裏的解說。

○ 似牛的兕

《爾雅．釋獸》有「兕」的記載，雖然所提供的資料十分有限，但幸好有晉人郭璞注解以作補充：

《爾雅．釋獸》

兕似牛。郭璞注：一角，青色，重千斤。

譯文

兕形狀像牛。郭璞注：一隻角，毛青色，體重一千斤。

據《爾雅．釋獸》所載，可見「兕」是一頭重千斤的一角青牛。可惜的是，東漢許慎《說文解字》

《爾雅音圖》清嘉慶六年藝學軒影宋本 「兕似牛。」

並沒有收錄「兕」字，使我們失去了後續的解說。但是，《說文解字》收錄了「舄」字，有如此的記載：

《說文解字・舄部》

舄，如野牛而青。象形。與禽、离頭同。凡舄之屬皆从舄。

譯文

舄的形狀像野牛，而毛為青色。象形字。篆體與「禽」、「离」等字頭部約略相同。大凡舄的部屬都从舄。

根據《說文解字》的解說，大概以為「兕」與「舄」二字音義相同。「舄」的形狀如同野牛，也與上引《爾雅》的「似牛」相呼應。除了這兩部字書以外，《山海經》也有「兕」的記載：

《山海經・海內南經》

兕在舜葬東，湘水南。其狀如牛，蒼黑，一角。

譯文

兕生活在帝舜墓葬地的東面，這裏也是湘水的南岸。兕的形狀像一般的牛，全身是青黑色，長着一隻角。

這裏同樣指出「兕」的形狀如牛，青黑色且有一隻角。《爾雅》與《說文解字》所說的青色，以及《山海經》所說的「蒼黑」，顯然並非今天所說的青綠色。試想想，一頭青綠色的走獸，在大地之上奔跑，自必成為其他動物的獵物。因此，這裏的青色所指的應該是灰黑色之類的顏色。

蔣應鎬繪《山海經》明萬曆時期刊本　兕

○ 在荒野奔走的「兕」

譯文

孔子知道學生們心裏有怨氣，就召來子路詢問說：「《詩經》中說『不是兕，也不是老虎，卻能徘徊在空曠的野外』。我奉行的道義難道是錯的嗎？我為何會被圍困於此地呢？」子路說：「我想是我們的仁德不夠吧？人們不相信我們。我想是我們的智謀還不夠吧？人們不讓我們順利通行。」孔子說：「有這樣的說法嗎？仲由，如果仁德之人一定能得到別人的信任，那怎麼會有伯夷、叔齊在首陽山餓死的事？要是有智慧的人一定通行無阻，那怎麼會有王子比干被剖心的事呢？」

在司馬遷《史記・孔子世家》的記述裏，援引了《詩經・小雅・何草不黃》，其中也提及了「兕」。當時，孔子離開了魯國，仕途失意，在周遊列國之際，而在陳蔡之地遭到圍困。

《史記・孔子世家》

孔子知弟子有慍心，乃召子路而問曰：「《詩》云『匪兕匪虎，率彼曠野』。吾道非邪？吾何為於此？」子路曰：「意者吾未仁邪？人之不我信也。意者吾未知邪？人之不我行也。」孔子曰：「有是乎！由，譬使仁者而必信，安有伯夷、叔齊？使知者而必行，安有王子比干？」

《史記・孔子世家》載孔子與弟子厄於陳蔡之時，絕糧。弟子有的病倒了，不能上課。在困厄之中，孔子仍然誨人不倦，弦歌不衰。可是，面對困境，孔子縱是堅毅，也不是無動於衷的。他明白到弟子已有所怨恨，遂召喚其中三人，包括子路、子貢、顏回等，問了同一道問題。孔子的問題是：

「《詩》云『匪兕匪虎，率彼曠野』。吾道非邪？吾何為於此？」（上文所錄為向子路提問的記載）孔子一生希望覓得明君重用自己，事與願違，只能周遊列國，卻時遭困厄。孔子問學生，以為大家都不是兕不是虎，何以卻像猛獸一般，遊弋荒野，是因為自己的道理不正確嗎？否則何以淪落至此。

看來，「兕」是一種頗為兇猛的動物，故常與虎並稱。《老子》第五十章也有「兕」與「虎」的蹤影。

《老子》第五十章

蓋聞善攝生者，陸行不遇兕虎，入軍不被甲兵；兕無所投其角，虎無所措其爪，兵無所容其刃。

譯文

據說，善於養護自己生命的人，在陸地上行走，不會遇到兕虎，在戰爭中也受不到武器的傷害。兕於其身無處投角，老虎對其身無處伸爪，武器對其身無處刺擊鋒刃。

這裏所說的「兕虎」，在長沙馬王堆出土的帛書《老子》甲本則寫作「矢虎」，同樣並稱。「兕虎」也好，「矢虎」也好，應該是兇猛非常，無人能擋，當為猛獸無疑。

法籍神父雷煥章（Jean Almire Robert Lefeuvre, 1922-2010）〈兕試釋〉、楊龢之〈中國人對「兕」觀念的轉變〉都說「兕」是亞洲水牛之屬，即如今已經滅絕的野生聖水牛，可備一說。

○「兕」是犀牛嗎？

「兕」與牛相似，在許多古代典籍都有相類近的記載。在不少文獻裏，有說「兕」乃是犀牛。

甲骨文裏只有「兕」而不見「犀」，到了商周時代在青銅器上的文字，才發現了「犀」的蹤影。例如：

2

弭叔鬲（西周晚期）裏的「犀」字

3

犀伯魚父鼎（西周）裏的「犀」字

我們要仔細想想，如果「兕」與「犀」是相同的，那麼先民為何要創造兩個字呢？在這種思路之下，便當知道「兕」與「犀」所指當有所不同。《山海經》同時記載了「兕」與「犀」：

2 金文字形，參自《殷周金文集成》，編號：572。
3 金文字形，參自《殷周金文集成》，編號：2534。

《山海經・南次三經》

東五百里，曰禱過之山，其上多金玉，其下多犀、兕，多象。郭璞注：犀似水牛。猪頭，痺腳，腳似象，有三蹄。大腹，黑色，三角，一在頂上，一在額上，一在鼻上。在鼻上者小而不墮，食角也。好噉棘，口中常灑血沫。兕亦似水牛，青色，一角，重三千斤。

譯文

再往東五百里，是禱過山。山上盛產金屬礦物和玉石，有很多犀、兕和大象。郭璞注：犀的身子長得像水牛，頭如豬頭，腳短，蹄似象蹄，有三隻短趾。腹部肥大，呈黑色，有三角，一在頭頂，一在額頭上，一在鼻子上。在鼻子上的是小角，不呈橢圓狀，稱為食角。愛吃棘，口裏常見流出血泡。兕的身子長得也像水牛，青色，獨角，體重三千斤。

這裏的「犀」和「兕」同時出現，應該是兩種動物。郭注指出犀牛的形狀與水牛相似，頭如豬，腳短似大象。所謂「三蹄」者，指的是犀牛蹄有三短趾，此與現存犀牛的特徵相同。犀牛腹部肥大，呈黑色，有三隻角。今存犀牛多呈灰色或褐色，頭部有實心的獨角或雙角。郭璞指出犀牛愛吃荊棘，就現存五種犀牛而言，較為接近蘇門答臘犀牛的習性。郭璞説犀牛「口中常灑血沫」，但犀牛的生活習性似乎沒有口流血沫。至於「兕」，牠的形狀像水牛，全身是青黑色，長着一隻角，體重能達三千斤之多。據《山海經》所説，在禱過之山，盛產「犀」和「兕」，截然劃分為兩種不同的動物。

《爾雅音圖》清嘉慶六年藝學軒影宋本　「犀似豕。」

○ 烏弋山離國有犀牛

《漢書・西域傳》明確記載西域諸國有犀牛。

《漢書・西域傳》

烏弋山離國，王去長安萬二千二百里。[……] 而有桃拔、師子、犀牛。

譯文

烏弋山離國，東到長安一萬二千二百里。[……] 這裏有桃拔、獅子、犀牛。

烏弋山離乃是伊朗古國。塞人在大月氏人脅迫之下，南下安息國。安息王派蘇林率軍鎮壓塞人，塞人投降，蘇林建立了政權（位處今阿富汗之法拉省）。這便是《漢書》所說的烏弋山離國。近世以來，世界各地急促發展，動物棲息之地廣受破壞，物種每告滅絕，據《漢書》所載絲路地區動物，即可見生態環境之改變。此言烏弋山離國有犀牛，其地在今伊朗高原、阿富汗一帶。

現在所能看到的五種犀牛，白犀牛分佈在非洲東北部和南部、黑犀牛分佈在非洲撒哈拉沙漠以南、獨角犀牛（又名印度犀牛）分佈在印度阿薩姆邦河谷與草原、小獨角犀牛（又名爪哇犀牛）分佈在印尼爪哇島熱帶雨林和紅樹林沼澤、雙角犀牛

《三才圖會．鳥獸三》槐蔭草堂藏板　犀

（又名蘇門答臘犀牛）分佈在東南亞山區坡地之原始森林中，皆不在古代烏弋山離國所在之地，跟這些棲息地最為接近者當推獨角犀牛所處之地，然獨角犀牛如今在野外只餘下四千多頭，處於易危狀態，可見保護瀕危物種之迫切及其重要性。

兕生性兇猛，能與虎並稱；犀牛是草食動物，生性温馴，二者自是有所分別。時代愈後，有關「兕」和「犀」的記載似乎愈趨混亂。宋人丁度所編《集韻》指出「兕」是雌性犀牛；按理推測，「犀」便是雄性犀牛。明人李時珍《本草綱目》同載「犀」和「兕」二字：

《本草綱目・獸之二・犀》

犀字，篆文象形。其牸名兕，亦曰沙犀。《爾雅翼》云：兕與牸字音相近，猶羖之為牯也。大抵犀、兕是一物，古人多言兕，後人多言犀，北音多言兕，南音多言犀，為不同耳。詳下文。《梵書》謂犀曰揭伽。

譯文

犀，這個字的篆文是象形字。雌性的稱為兕，也可稱為沙犀。《爾雅翼》說：「兕」與「牸」二字讀音相近，如同「羖」和「牯」兩字的情況。大概犀與兕本是同一物，古人大多說「兕」，現在的人則多說「犀」；北方方言大多用「兕」，南方方言大多用「犀」，這便是二字的相異處。詳下文。《梵書》則稱犀為揭伽。

根據李時珍所說，「兕」與「犀」是同一動物，二字的分別不過是雌性與雄性，以及古音與今音、北音與南音。

○ 仿如在思考中的兕

明人王圻及其兒子王思義編有《三才圖會》一書，這部書圖文並茂，煞是好看。

《三才圖會．鳥獸四》

兕似虎而小，不咥人。夜間獨立絕頂山崖，聽泉聲，好靜，直至禽鳥鳴時，天將曉方歸其巢。

譯文

兕的身子長得像老虎而較小，不咬人。到了晚上，牠會獨自站立在高山懸崖，聽着泉水流動的聲音，愛好寧靜，到了翌日禽鳥報曉的時候，天將光亮，牠才會回到自己的巢穴。

《三才圖會》是明代類書，圖文互證，反映了明代人的世界觀。書中所載及於想像，妙想天開，功用堪比百科全書。這裏記載不咬人的兕，到了晚上，便會獨自登山細聽泉水之聲，仿如具備獨立思考能力，且又愛好幽靜，非常神奇。

「兕」與「犀」應該是截然不同的兩種動物。兕生性兇猛，曾經橫行在古代中國的大地。身子長得也像水牛，青色，獨角，為龐然巨獸。如果兕是野生聖水牛，那麼便已告絕種，我們應該要珍惜仍然存活的犀牛。因犀角之藥用和藝術價值，獵人捕獵過度，近世以來，犀牛數量急促下降。現存的四屬五種犀牛，除了白犀牛以外，其餘四種（蘇門答臘犀牛、黑犀牛、爪哇犀牛、印度犀牛）均瀕臨絕種。

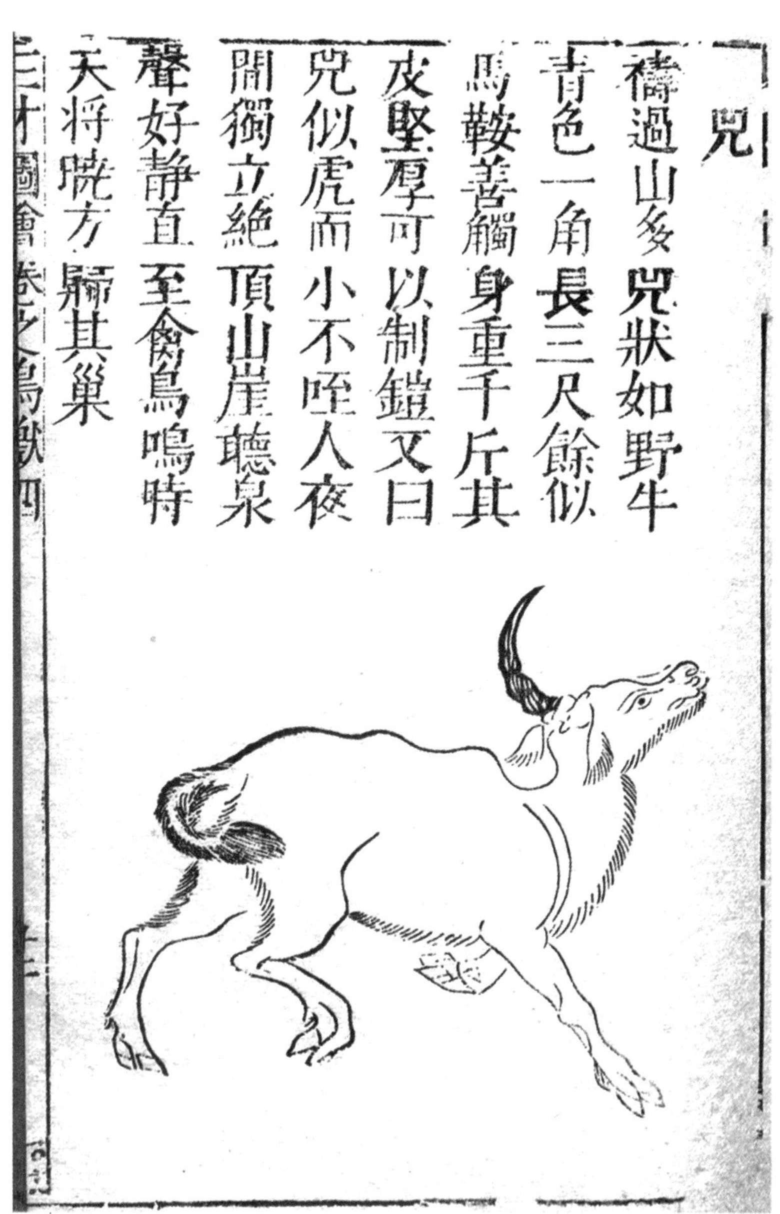

兕

禱過山多兕狀如野牛青色一角長三尺餘似馬鞍善觸身重千斤其皮堅厚可以制鎧又曰兕似虎而小不咥人夜間獨立絶頂山崖聽泉聲好靜直至禽鳥鳴時天將曉方歸其巢

三才圖會 卷之 鳥獸四

《三才圖會 · 鳥獸四》槐蔭草堂藏板　兕

犀牛小資料

科學分類：哺乳綱奇蹄目犀科

一般平均壽命：35–50 歲

分佈：非洲、亞洲東南部

平均身高與體重：體長 2.2–4.5 米，肩高 1.2–2 米；體重 2800–3000 公斤

瀕危物種紅色名錄：白犀牛（近危）、蘇門答臘犀牛（極危）、黑犀牛（極危）、爪哇犀牛（極危）、印度犀牛（易危）

是貔？是白狐？還是國寶？

能夠號之為「國寶」，牠必然是最能夠代表這個國家、這個民族的一種動物。我國的國寶級動物，相信大家都會知道，牠便是大熊貓了。

○ 大熊貓與熊

大熊貓是熊的一種。2009 年，中國大熊貓基因組測序研究項目完成。這次測序涉及了大熊貓的 21 對染色體上的兩萬多個基因。研究結果顯示，大熊貓是熊科的一個亞種，並且在已完成基因組測序的物種中，與狗的基因組最接近。古漢語詞彙以單音節為主，大熊貓既然屬於熊科，那麼便讓我們先看看「熊」字：

[1]

能匋尊（西周早期）裏的「能」字

小篆裏的「熊」字

1　金文字形，參自《殷周金文集成》，編號：5984。

《爾雅・釋獸》

熊虎醜，其子，狗；絕有力，麙。

譯文

熊與虎這類動物，幼崽稱為狗；極其強壯有力的稱為麙。

《爾雅》指出熊的幼崽稱之為「狗」，不就與大熊貓基因組測序謂與狗之基因組最為接近的結論頗為相似嗎？結合《爾雅》與現代基因組測序之結果，大熊貓屬熊科動物，也就有了更為堅實的證據。這裏也可見古漢語對動物的形容更為細緻，就是強壯有力的熊、虎，還特別為了牠們造了一個「麙」字以作描刻。

《說文解字・熊部》

熊，獸似豕。山居，冬蟄。从能，炎省聲。凡熊之屬皆从熊。

譯文

熊，獸名。像豬，在山中生活，冬天不吃不動。會意兼形聲字，以能為形符，炎為簡省聲符。大凡熊的部屬都从熊。

許慎《說文解字》關注的重點，則與《爾雅》所釋有所不同。這裏說明「熊」是一個會意兼形聲字。豕是小豬，在我們看來，熊和豬似乎一點也不相似。二者都是哺乳動物，但熊是食肉目熊科動物，豬則是偶蹄目豬科動物，兩者大概只有樣子較為接近而已。今所見熊科動物有八種，分別是美洲

徐鼎《毛詩名物圖說》清乾隆三十六年刊本　熊

《清宮獸譜》 熊

黑熊、北極熊、棕熊、亞洲黑熊、馬來熊、懶熊、眼鏡熊、大熊貓。上文言大熊貓的基因組測序與狗的基因組最為接近，結合《爾雅》稱熊之幼崽為狗，可見大熊貓與狗有着密切的關係。

《說文解字》也補充了熊的生活習性，那便是在山中生活，以及冬眠的習慣。其實，並非所有熊都會冬眠，只有生活在寒冷地區的熊才會在冬天時冬眠。至於熊的山居，也跟其生活所需相關。熊要有一個地方作為掩蔽，所以也就居住在山洞或樹洞之中，與《說文》所說相吻合。

○ 大熊貓與貔貅

不過，以上所說的只是熊，並非大熊貓。那麼古書上對大熊貓有甚麼記載呢？其實，「熊貓」一詞，在二十世紀初期才開始正式使用，此前大熊貓當然已經存在，不過是使用不同的名稱進入我們的視野裏。

根據廣西柳城巨猿洞出土化石的發現，證明小種大熊貓（大熊貓的祖先）在距今三百萬年以前已經出現。此外，在中國的黃河、長江和珠江流域、北京周口店，還有越南、泰國和緬甸北部等地，皆可見這一類物種的蹤影。

古人對大熊貓的稱謂頗多，其中一種是「貔貅」。

《詩・大雅・韓奕》

獻其貔皮，赤豹黃羆。

譯文

珍貴貔皮作貢獻，赤豹黃羆也送京。

在〈韓奕〉一詩裏，主要敍述的就是韓侯的活動。全詩合共六章，從朝覲受封、賜禮、餞行、完婚，以及捍衞北疆得周王加封等場面和情節加以描繪。在詩的最後一章，述及韓侯返回封國，成為北方諸侯方伯，興建韓城，推行善政，管治百國，使之成為周天子的屏障，且向朝廷進貢，貢獻之物即包括了貔皮、赤豹、黃羆。《爾雅》之書，多用以解釋《詩經》與《尚書》，《爾雅》便嘗為「貔」字作解説。

徐鼎《毛詩名物圖說》清乾隆三十六年刊本　貔

《爾雅・釋獸》

貔，白狐。其子，豰。

譯文

貔又稱白狐。幼貔稱為豰。

《爾雅》以為「貔」又稱為白狐，謂之白狐，則顯然其色為白。清人郝懿行《爾雅義疏》援引眾多書證，並直接指出貔當為猛獸。據郝氏所舉，貔生性兇猛，能食母猴，出於北國，似與大熊貓之本性差異頗大。在一般情況下，大熊貓性情温順，很少主動地攻擊，在野外相遇之時，總是採取迴避的方式，故與猛獸並不相同。但到了繁殖季節，雌性熊貓會發出像鳥鳴「唧唧喳喳」的求偶聲；雄性熊貓則會為爭奪配對的雌性互相追逐、爭鬥。但熊貓繁殖季節很短，所以我們能夠看到的應該都是牠温順的一面。因此，熊貓似乎並非兇猛的貔貅。

○ 大熊貓與貊和貘

貔過於兇猛，與大熊貓的性情不相合，尚有其他動物的名稱可供考慮。同樣是《詩經》，有另一首的記載。

《爾雅圖》「貔，白狐。其子，豰。」

《爾雅圖》「貘，白豹。」

譯文

只有這個王季，上帝度量他的心，廣大他的道德行為。

《詩經・大雅・皇矣》

維此王季，帝度其心，貊其德音。

「貊」通作「莫」，有廣大的意思。〈皇矣〉用此數句突出了季歷尊貴的地位和煊赫的名聲。而「莫」則又與「貘」音義相通，就這樣，大熊貓與貊和貘便發生了微妙的關係。「貘」在《爾雅》裏也有記載。

譯文

貘又稱白豹。郭璞注：貘的身子似熊，頭小，腿短小，全身毛色黑白不純，能夠舐食銅鐵及竹骨。牠的骨骼僵直，骨子裏少有膠狀物質，牠的毛髮可以避濕。有一說，謂貘是白色的豹的別名。

《爾雅・釋獸》

貘，白豹。郭璞注：似熊，小頭，庳脚，黑白駁，能舐食銅鐵及竹骨。骨節強直，中實少髓，皮辟濕。或曰豹白色者別名貘。

郭璞注「貘」，所言與大熊貓之特徵頗為相似，與熊相似是其一。「小頭」，大熊貓的頭似乎不小，但是與牠龐大的身軀相比，便可知一二。「庳腳」，即矮腳，與大熊貓體態相同。「黑白駁」，即黑白二色相間，亦與大熊貓同。舐食「竹骨」絕對可以理解，此乃大熊貓日常最多食用的植物；但「舐食銅鐵」卻有點教人匪夷所思。

貘能吃銅鐵，清人袁枚《新齊諧》有相關記載。

袁枚《新齊諧》卷六

房山有貘獸，好食銅鐵而不傷人，凡民間犁鋤刀斧之類，見則涎流，食之如腐。城門上所包鐵皮，盡為所啖。

譯文

房山有貘獸，牠們喜愛吃銅鐵但不會傷人，但凡民間器具如犁、鋤、刀、斧等，貘獸看見了便會垂涎三尺，啃這些東西像啃腐肉一樣輕鬆。就連城門包着的鐵皮，都被牠們啃了。

據袁枚所論，貘獸非常喜歡吃鐵，這未免有點太過荒誕。今天，大熊貓能否吃鐵呢？顯然並不可能。此外，郭璞還指出貘的皮毛具有「辟濕」功效。成年大熊貓的毛髮是比較硬的，毛髮被一層薄薄的油性物質包裹，大抵也具有這種「辟濕」的功能。根據以上的幾種特徵，《爾雅》的「貘」與今天所見大熊貓最為相近，大抵有理可信。

唐宋之後，文獻所載的貘基本上只見於中國西南地區。這個情況也就與今天大熊貓見於四川相同。當然，貘也只能說是與大熊貓比較接近，並不可能百分百保證必定是大熊貓。

○ 甚麼時候始稱「大熊貓」？

如果大熊貓便是從前的貘，那麼牠何以會被稱作「大熊貓」呢？時間是 1869 年，地點是中國四川西北部的寶興縣，法國傳教士譚衛道（Armand David, 1826—1900）發現了大熊貓。當時命名為「黑白熊」。譚衛道原想將此熊運回法國，惜牠在途中死於舟車勞頓，譚衛道遂將其毛皮製成標本，並運送至法國國立自然史博物館展覽。經鑒定後，確定為歐洲自然歷史博物學中未被記載的新物種，遂命名為 Ailuropoda Melanoleuca（大貓熊）。可見「貓熊」本為外來詞，台灣至今仍以此稱之，台北市立動物園大熊貓居住的地方，便稱之為「大貓熊館」。稱作「熊貓」，有說是因在民國時期展出動物標本之時，有人將「貓熊」反方向誤讀所致。當時，大會採用流行的國際標準由左到右書寫，但中國人的寫字順序還是習慣由右到左，遂讀為「熊貓」。

動物學家夏元瑜有另一種看法，在他的作品《生花筆》裏，指出「貓熊」在多年前發表新聞的時候，編排順序意外地顛倒，成為「熊貓」。究竟哪一種才是正確呢？文獻不足徵，只得闕如。

大熊貓小資料

科學分類：哺乳綱熊科大熊貓屬

一般平均壽命：約 20 歲

分佈：中國雲南、四川、秦嶺

平均身高與體重：站立身高約 1.6–1.8 米，體重約 70–150 公斤

瀕危物種紅色名錄：易危

在雁丘談情說愛：大雁

在文學的世界裏，有好些文學母題，只要我們看到了，便會有着特定的聯想。有時候，停留在想像世界的時間太長了，母題的原型究竟有着怎樣的特色，不免使人遺忘。大雁便是這樣的一種動物、一個獨特的文學意象。

○ 雁與鵝

讓我們先來看看字書裏關於「雁」的記載。

《爾雅・釋鳥》

舒鴈，鵝。[……] 鳧鴈醜，其足蹼，其踵企。

譯文

舒雁是鵝的別名。[……] 鳧雁一類的鳥，足上有蹼，飛行時腳跟伸直。

在《爾雅・釋鳥》裏，指出「舒雁」乃是鵝的

《爾雅圖》「舒雁，鵝。」

別名，又以為鳧雁屬一類，牠們的足上有蹼，在飛行時則腳跟伸直。「雁」、「鴈」二字聲義相通，原來情深款款的大雁，不過是我們尋常可見的鵝兒。接着，再看看《説文解字》裏的記載，與《爾雅》所言頗為接近。

《説文解字・隹部》

雁，鳥也。从隹从人，厂聲。讀若鴈。

譯文

雁即大雁，候鳥。會意兼形聲字。以隹、人為會意，厂為聲符。讀音如同鴈字。

《説文解字・鳥部》

鴈，鵝也。从鳥、人，厂聲。

譯文

鴈即家鵝。會意兼形聲字。以鳥、人為會意，厂為聲符。

據《説文解字》在「雁」和「鴈」兩字條下所言，可知「雁」字讀若「鴈」，而「鴈」即是「鵝」。

清人段玉裁在《説文解字注》的解釋十分清楚，可供參考。

《説文解字注・鳥部》「鴈」字條

「鴈」與「雁」各字，「鵝」與「鴚鵝」各物。許意隹部「雁」為鴻雁，鳥部「鴈」為鵝。「鴚鵝」為野鵝，單呼鵝、為人家所畜之鵝。今字「雁」、「鴈」

不分久矣。《禮經》單言鴈者皆鴻雁也，言舒鴈者則鵝也。《爾雅》「舒鴈，鵝」是也。李巡云：「野曰鴈，家曰鵝。」鵝謂之舒鴈者，家養馴不畏人，飛行舒遲也。是則當作「舒雁」，謂雁之舒者也。雁在野，鵝為家雁也。

這段材料頗為豐富。段玉裁指出「鴈」與「雁」本為二字，意義不同，《説文解字・隹部》的「雁」是野生的鴻雁，而〈鳥部〉的「鴈」是人所畜養的鵝；如今二字不分，音義相同。此外，段氏解釋「舒鴈」（鵝）的「舒」字，以為「舒鴈」因已被馴養，並不怕人，且「飛行舒遲」，並不急速，故有此名。據此而「雁」和「鵝」可以區分，段氏的説法有一定的道理，大致上是可信的。

漢人李巡曾經注釋《爾雅》，他便在「舒鴈，鵝」之下注：「野曰鴈，家曰鵝。」清楚分辨「鴈」與「鵝」的分別，即野生的稱為「鴈」，豢養的則是「鵝」。清人郝懿行《爾雅義疏》仍然嘗試就「鴈」與「鵝」加以區分，他説：「蓋鴈即鵝矣。鵝有蒼、白二色，蒼者全與鴈同。」指出「鴈」與「鵝」本來相同；但「鵝」有蒼色與白色兩種，其中蒼色的

譯文

「鴈」與「雁」是兩個不同的字，「鵝」、「駉鵝」是二物。許慎的意思，在隹部的「雁」指的是鴻雁，在鳥部的「鴈」指的則是鵝。「駉鵝」是野鵝，單稱之為鵝，是一般人家所飼養的。現在「雁」和「鴈」兩個字已久不能區分了。《禮經》稱單稱為「鴈」的是鴻雁，稱為「舒鴈」的則是鵝。《爾雅》謂舒鴈是鵝的別名，便是這個意思了。李巡注：在野外的稱為鴈，家養的稱為鵝。鵝之所以別稱舒鴈，因其在家飼養溫馴而不怕人，且又舒緩地飛翔。因此，「舒鴈」當寫作「舒雁」，取其是雁裏舒遲者之意。雁在野外，鵝是家養之雁。

與鴈完全相同。蒼色原指草色，即青色、綠色之意；後來引伸為青黑色、灰白色。郝懿行的着眼點主要在毛色相異的層面上。

○ 不能鳴叫的鴈

有關「鴈」的故事，有一則富於哲理的，見載於《莊子・山木》。

《莊子・山木》

莊子行於山中，見大木，枝葉盛茂，伐木者止其旁而不取也。問其故。曰：「無所可用。」莊子曰：「此木以不材得終其天年。」夫子出於山，舍於故人之家。故人喜，命豎子殺鴈而烹之。豎子請曰：「其一能鳴，其一不能鳴，請奚殺？」主人曰：「殺不能鳴者。」

在這個莊子的故事裏，我們看到了兩隻鴈。莊子與學生遊山，看到了一棵大樹，枝葉茂盛，伐木者也看到這棵大樹，卻沒有砍伐而只是在大樹下休息。莊子看到了如斯情況，甚感奇怪，於是便問伐

譯文

莊子行走於山中，看見一棵大樹，枝葉十分茂盛，伐木的人停留在樹旁卻不去動手砍伐。問他們是甚麼原因，說：「沒有甚麼用處。」莊子說：「這棵樹就是因為不成材而能夠終享天年啊！」莊子走出山來，留宿在朋友家中。朋友高興，叫童僕殺鴈款待他。童僕問主人：「一隻能叫，一隻不能叫，請問殺哪一隻呢？」主人說：「殺那隻不能叫的。」

《古今圖書集成・博物彙編・禽蟲典・第三十二卷》 鳧圖

木者何以不砍伐此大樹，伐木者以為大樹的木材沒有用處，故不加以砍伐。莊子聽罷此話，領悟了一番道理，以為此樹因為沒有用處，反不遭砍伐，可以安享天年。

莊子下山，投宿朋友家中。友人非常高興，便吩咐童僕殺鴈待客。童僕問友人，二鴈之中，一鳴叫，一不鳴叫，不知當殺哪隻。友人以為鳴叫的有用處，夜晚可以防賊，殺那隻不愛叫的。這個故事說明了無用之用的道理，此不贅述。其中提及「鴈」，清人王先謙在《莊子集解》直接注明：「雁即鵞。」由此可見，豎子所殺者便是大雁，乃是鵝的別稱。

○ 問人間情是何物，直教生死相許

人類特別喜愛將自己的情感投射在動物身上。於是，在動物世界裏，便會關注各種的配偶制：有「一夫一妻」的，例如狼；有「一夫多妻」的，例如海獅；有「一妻多夫」的，例如水雉；也有沒固定伴侶的，例如橡果啄木鳥。當知悉不少鳥類與人類同是「一夫一妻」時，便投射以更多人類的目光以觀察。人世間有許多淒美動人的愛情故事，看見動物，我們也會將人類的想法投射在動物身上，由此而生出得到人類認同的堅貞愛情。

金代詞人元好問有名作傳世，其中《摸魚兒・雁丘詞》有云：

恨人間，情是何物，直教生死相許。天南地北雙飛客，老翅幾回寒暑。歡樂趣，離別苦，是中更有癡兒女。君應有語，渺萬里層雲，千山暮景，隻影為誰去。

橫汾路，寂寞當年簫鼓，荒煙依舊平楚。〈招魂〉楚些何嗟及，〈山鬼〉自啼風雨。天也妒，未信與，鶯兒燕子俱黄土。千秋萬古，為留待騷人，狂歌痛飲，來訪雁丘處。

譯文

請問世間的各位，愛情究竟是甚麼，竟會令這兩隻飛雁以生死來相對待？南飛北歸距離多遠的路程都雙雙並翅齊飛，不論多少年。有過比翼雙飛的快樂，離別時更是痛苦難受。當中這對痴情的雙雁竟比人間痴情兒女更為痴情！如今相依相伴、形影不離的伴侶已逝，你心裏應該想說，飄蕩於萬里千山，晨風暮雪，形單影隻，又怎能苟且活下去呢？

這汾水一帶，曾是漢武帝巡幸遊樂的地方，每當武帝出巡，總是簫鼓喧天，棹歌四起，何等熱

在這首詞作之首，有一小序，題云：「乙丑歲，赴試并州，道逢捕雁者云：『今旦獲一雁，殺之矣。其脱網者悲鳴不能去，竟自投於地而死。』予因買得之，葬之汾水之上，累石為識，號曰雁丘。時同行者多為賦詩，予亦有《雁丘詞》，舊所作無宮商，今改定之。」乙丑歲指的是金章宗泰和五年（1205），即宋寧宗開禧元年，這段文字記述當時元好問赴并州應試，途中遇上捕捉大雁的獵人，那獵人對他説，當時捕得一雁，並宰殺了牠，而另一隻大雁脱網後悲鳴而不飛離，反而投地自殺而死。元好問因其悲壯，故買下這對大雁，葬在汾水之上，置石以

為標識，將其命名為「雁丘」。當時一同赴考的人多為此事賦詩，而元好問亦有《雁丘詞》之作。

上闋詞人問人世間愛情究竟是甚麼，何以二雁會以生死相待？南飛北歸之路，比翼雙飛，多少寒暑，依舊相愛。比翼雙飛乃是快樂，而離別便是痛苦難受。此時此刻，詞人以為雙雁竟比人類更為痴情！明人湯顯祖《牡丹亭・題詞》云：「生者可以死，死可以生，生而不可與死，死而不可復生者，皆非情之至也。」説的就是這個意思。伴侶驟逝，大雁應知，此去萬里，形孤影單，前路漫漫，每年飛越萬山，晨風暮雪，現在形單影隻，苟且沒有意義。

下闋首三句藉對歷史勝跡的追憶與對眼前自然景物的鮮明對比，渲染了大雁殉情的不朽意義。前一句暗示當時漢武帝巡幸至汾水邊的聲勢浩大，後二句則寫該處如今的蕭條冷落景象。接着二句，藉《楚辭・招魂》與〈山鬼〉反襯了殉情大雁的深情。之後兩句，寫殉情大雁不會像鶯兒、燕子般化為黃土，大雁殉情後必定永垂不朽，極寫其崇高價值，為下文的「來訪雁丘處」鋪墊。最後四句，詞人讓殉情大雁的深情跨越時空，長存於千秋萬世，延伸

鬧，而今卻只剩荒煙蔓草，一派蕭條冷落。武帝已死，招魂也無濟於事。山中女神因此而枉自悲啼，但死者也不會再歸來了！上天也嫉妒雙雁生死相許的深情，這對大雁決不會和鶯兒燕子一般，死後化為一抔塵土。千秋萬世，將會留待詩人，狂歌縱酒，尋訪雁丘墳故地，來紀念這一對雁侶。

《三才圖會 · 鳥獸一》槐蔭草堂藏板　鳫《三才圖會 · 鳥獸一》槐蔭草堂藏板　鶩

了整首詞的時間跨度，使主題為之深刻，增添不盡餘韻。

大雁的淒美愛情故事，後來更得到了金庸《神鵰俠侶》的加持，在第三十二回〈情是何物〉楊過與小龍女的對話中，楊過說出了「問世間，情是何物」之語。自上世紀七十年代起，《神鵰俠侶》最少九次拍成電視劇，還有電影、動畫、漫畫、粵劇、舞台劇、廣播劇、電腦遊戲等，大雁的情深早已植根民心。

○ 馴化了的大雁

雁（或「鴈」）與鵝（或「鵞」）的密切關係，可以在今天的生物分類法裏得到印證。在鳥綱雁形目鴨科雁亞科雁屬以下有十一種，其中灰雁、鴻雁最為重要。我們所說的歐洲鵝乃由灰雁馴化而來，而中國鵝則由鴻雁馴化而來。雁屬動物與人類關係密切，這一屬的鳥被人類馴化的較多，在中國人的世界裏，被馴化的雁則稱之為「鵝」。在野外展翅翱翔的則稱之為「雁」，文人賦詩，更愛自由自在的雁。

從海誓山盟的大雁，搖身一變而成為日常食用的鵝兒，彷彿許多詩情畫意都蕩然無存，只餘下對吃的追求。其實不然。在古代文學作品裏，鵝亦有其重要的一頁，不讓大雁專美。在唐詩裏，大家必然讀過駱賓王在七歲時候所作的〈詠鵝〉：

鵝鵝鵝，曲項向天歌。

白毛浮綠水，紅掌撥清波。

詩中描繪在水裏暢泳的鵝兒，純樸自然，全去雕飾，充滿童趣。這裏説的是大白鵝，從其「白毛」（白色的羽毛）已可知。這未必是前文所説源出鴻雁的鵝，而是屬於雁形目鴨科雁亞科天鵝屬的天鵝。天鵝是雁形目鴨科雁亞科中最大的水禽，有七種，其中四種生活於北半球，[1] 全身羽毛均為白色，腳黑色。天鵝是一種鴨，與鵝有所不同。鵝被認為是人類馴化的第一種家禽，牠來自於野生的鴻雁或灰雁。

雁是否有情，無人得知，也無法得知。人間有情，情人眼裏出西施，既然看在人的眼裏，是雁是鵝，一切都可以變得有情！

大雁小資料

科學分類：鳥綱雁形目鴨科雁屬鴻雁

一般平均壽命：約 20 歲

分佈：歐亞大陸及非洲北部

平均身長與體重：身長 80－90 厘米，體重 2.8－5 公斤

瀕危物種紅色名錄：瀕危

1 包括黃嘴天鵝、黑嘴天鵝、小天鵝、赤嘴天鵝、新西蘭天鵝、黑天鵝、黑頸天鵝。其中前四者生活在北半球，後三者生活在南半球。

鵝圖

大海暢泳的小豬：海豚

在海、陸、空的動物裏，我們對陸地動物了解最多，因眼睛之所能及，可以望見。天空的飛鳥，登高望遠，在其停留之時，尚可以仔細觀察一番。海裏的動物，眼睛不能及，充滿神祕感，難以言詮。

○ 海裏的小豬

豬能夠游泳，不過豬並不是這次的主角，雖然還是跟豬有關。這次要討論的是那種能夠在海裏暢泳的小豬，當然此非牠在今日的名字。

這次的主角是海豚。

海豚是一種很聰明、生活在海上的哺乳類動物。「海豚」的「海」字代表了牠們棲息之處；「豚」是豬，我們來到日式餐廳，點一碗豚肉拉麪，那便是豬肉拉麪，然則「海豚」不就是海洋裏的豬嗎？

我們還是先來看看傳統字書裏如何解說「豚」字吧！《爾雅》沒有收錄「豚」字，讓我們直接翻到漢代的《說文解字》去查看。

《說文解字・豚部》

豚，小豕也。从彖省，象形。从又持肉，以給祠祀。凡豚之屬皆从豚。

譯文

豚，小豬。豕是彖的簡省，象豬之形。又由「又」（手）持握着「肉」，表示供給祭祀之用。大凡豚的部屬都从豚。

這裏指出豚是小豬。在字形上，採用省略了「彑」的「彖」作偏旁，是象形字。採用「又」作偏旁，像一手持肉，以便祭祀。今天，我們要吃一頭小豬，不必等待祭典儀式。《說文解字》就着某一字詞的解說，都特有所指，並非泛論。這次關注的是祭祀裏的祭肉，而這個祭肉乃是豬肉。

前面提到「豚」是「小豕」，那麼接下來我們必須弄清楚甚麼是「豕」了，且參看《說文解字》的解說：

《說文解字・豕部》

豕，彘也。竭其尾，故謂之豕。象毛足而後有尾。讀與豨同。

譯文

「豕」就是「彘」（豬）的意思。因為豬走路時會把尾巴蜷縮起來，所以稱牠為「豕」。這個字的字形就像畫了一隻腳有毛，後面還帶着尾巴的動物。它的讀音和「豨」字相同。

這裏指出「豕」是彘，即小豬之意。在走路的時候會蜷縮自己的尾巴，字形像有毛足和後尾。而「豕」的讀音與「豨」相同；考之「豨」字，意思也是豬或大豕。

在古代社會，肉類極為珍貴，尤其是肉類仍然依賴打獵才可得之的時代。戰國時代的孟子，提出了理想生活的構想，其中即包括了七十歲以上的老人家有肉可吃。由此而論，肉類的不易獲得便可得知。

○ 陽虎給孔子的禮物

古代有一個關於「豚」的著名故事，記載在《論語》裏，故事的主人翁是孔子和陽虎。

《論語．陽貨》

陽貨欲見孔子，孔子不見，歸孔子豚。孔子時其亡也，而往拜之。遇諸塗。謂孔子曰：「來！予與爾言。」曰：「懷其寶而迷其邦，可謂仁乎？」曰：「不可。——好從事而亟失時，可謂知乎？」曰：「不可。——日月逝矣，歲不我與。」孔子曰：「諾；吾將仕矣。」

譯文

陽虎想要孔子來拜會他，孔子不去，他便送孔子一隻（已蒸熟的）小豬，（讓孔子前來道謝）。孔子探聽他不在家的時候，便去拜謝他。二人在路上碰見了。陽虎對孔子說：「來，我和你說話。」陽虎又說：「一個人懷有才能，卻任憑國家施政混亂，可以叫做仁愛嗎？」（孔子沒有回應。）他便自己接着說：「不可以。——一個人喜歡做官，卻屢次錯過時機，可以叫做聰明嗎？」（孔子仍然沒有回應。）他又自己接着說：「不可以。——時光轉瞬即逝，就不再等待我了。」孔子說：「好吧！我打算做官了。」

孔子是春秋時代的魯國人，當時，魯國大權早已不在魯國君主手上，而是由三家大夫所控制。魯國的三家大夫，分別是孟孫氏、叔孫氏、季孫氏，陽虎正是季孫氏的家臣。理論上，周王是當時天子，天子分封諸侯，諸侯之下有貴族大夫，貴族大夫有其家臣。陽虎雖為家臣，但在當時權傾朝野，早已不把季孫氏放在眼裏，「陪臣執國命」說的便是陽虎。這名權臣卻希望求見孔子。

孔子一生志在拯救禮崩樂壞的社會，而陽虎正是破壞如此秩序的人。因此，孔子並不希望與陽虎相見。陽虎於是送孔子一隻小豬，迫使孔子前往見面答謝。孔子不願見陽虎，但因為收到了對方送來的禮物，按照禮節當前往答謝，於是故意在得悉陽虎不在家時才前往拜謝。可是，孔子與陽虎還是在路上相遇了。在上述《論語》的記載裏，可知陽虎希望孔子不要錯失時機，應該早日為官；時機錯過了，並不容易再次出現。

顯而易見，這個時機，便是現在，即陽虎在跟孔子說話的一刻。看到這裏，我們便明白陽虎送來小豬的用意，那便是拉攏孔子為自己站台支持。孔子不置可否，只是在唯唯否否的情況下說自己即將投入仕途。在故事裏，陽貨欲與孔子見面，送上的正是豚。宋人邢昺《論語注疏》便指出豚是「豕之小者」。

○ 分類細緻的豬

豬有沒有別稱呢，被閹割後的豬當作何名，年紀最小的豬名叫甚麼，長得醜的豬可以叫些甚麼名字，三隻小豬兄弟各名甚麼，豬的居所之名稱等，《爾雅・釋獸》一一記載，真的是教人目不暇給。

《爾雅・釋獸》

豕子，豬。𧱓，豶。幺幼。奏者豱。豕生三豵，二師，一特。所寢，橧。四豴皆白，豥。其跡，刻。絕有力，豟。牝，豝。

譯文

豕稱為豬。𧱓是閹割後的豬，又稱豶。幺即最後出生的小豬，稱為幼。皮膚皺縮且頭短的豬稱為豱。母豬一胎生三子稱為豵；一胎生兩子稱為師；一胎只生一子稱為特。豬棲居之處稱為橧。四蹄都是白色的豬稱為豥。豬的足跡稱為刻。極其強壯有力的豬稱為豟。母豬稱為豝。

《爾雅》這裏指出「豕子」即是「豬」，但當中可能有些文字上的訛誤。清人王念孫以為「子」字是衍文，原文本應只作「豕，豬」，沒有「子」字。可見，「豕」即是豬也。在古代漢語裏，對豬的分析十分仔細，以上短短的一段文字，蘊含了極其豐富的資訊量。除了「豕」字以外，《爾雅・釋獸》分析了以下幾個字：

- 𧱓：被閹割後的豬。

- 豶：豮的別稱。
- 幺：據晉人郭璞注，乃是最後出生的小豬。
- 豱：郭璞注以為是短頭的豬，且其皮膚皺縮。
- 豵：母豬一胎生三子之稱。
- 師：母豬一胎生二子之稱。
- 特：母豬一胎生一子之稱。
- 橧：豬所居住之所。
- 豥：四蹄都是白色的豬。
- 刻：豬的足跡。
- 豟：極其強壯有力的豬，郭璞注以為是豕的身高五尺者。
- 豝：母豬之稱。

短短的三十五個字，蘊含了十二個與豬相關的詞彙，古文的精煉於此可見。這十二個詞彙，有的是不同狀態下的豬（豮、豶、幺、豱），有的專言生子數量的豬（豵、師、特），有的乃是豬用設備（橧），更有純粹針對豬腳的（豥、刻），亦有言豬的身高，以及性別，絕大部分皆屬現代漢語早已不再採用的。細意推想，古漢語流行單音節詞彙，此與現代社會以雙音節詞彙為主力截然不同，而這裏豐富的豬詞彙，使我們得見古漢語的一大特色。

《爾雅音圖》清嘉慶六年藝學軒影宋本
「䝐，豶。」

《爾雅音圖》清嘉慶六年藝學軒影宋本
「幺幼。」

《爾雅音圖》清嘉慶六年藝學軒影宋本
「奏者豱。」

《爾雅音圖》清嘉慶六年藝學軒影宋本
「豕生三豵，二師，一特。」

○ 不同地域的名稱

在揚雄《方言》裏，也有與豬相關的記載，且看如下：

《方言》卷八

豬，北燕、朝鮮之間謂之豭，關東、西或謂之彘，或謂之豕。南楚謂之豨。其子或謂之豚，或謂之貕，吳、揚之間謂之豬子。其檻及蓐曰檜。

譯文

對於豬，北部古燕國、朝鮮之間的地區稱之為「豭」，函谷關東、西兩側有的稱之為「彘」，也有的稱之為「豕」。南部古楚國地區稱之為「豨」。對於豬仔，有的稱之為「豚」，也有的稱之為「貕」，古吳國和揚州之間的地區稱之為「豬子」。豬的圈欄和睡的草墊叫「檜」。

古代的不同地區講些甚麼方言，時代距今已遠，難以說得清。揚雄生活在西漢末年，當時編撰如此的一部著作的原因，也是言人人殊。事實上，《方言》乃本書簡稱，全名當為《輶軒使者絕代語釋別國方言》，在名字上便隱含着「存亡國，繼絕世」的意思。而且，這部典籍裏的「方言」，不太可能有着方言調查的依據，而是以用某種方言書寫的著作為憑證。《方言》這裏就一個「豬」字，讓我們大開眼界，認識不同的詞彙。「豬」是共同語，豭（北燕、朝鮮）、彘（關東、關西）、豕（關東、關西）、豨（南楚）是不同方言的別稱。又豬之子，別稱豚或豨，吳、揚則仍作豬子。在不同地區的詞彙裏，不單是各字讀音不同，所寫的文字也不相同，可見古漢語詞彙的多樣性。

○ 從豬到海豚

豕是豬，而豚是小豬，根據以上所援引的《方言》、《説文解字》所見，當無可疑。今天，我們到日本餐廳吃飯，餐牌上會有「豚肉飯」、「豚肉生薑燒」等，毫無疑問，「豚肉」便是豬肉。在日文裏豢養的豬叫做豚（ぶた），而猪（いのしし）在日文裏是野豬的意思。在日本人的十二生肖裏，豬也是用上代表野豬的「いのしし」。

然則，海豚又何以跟豬扯上關係呢？晉人郭璞撰有〈江賦〉，其中有「魚則江豚海狶」的句子，唐代的注釋者李善為此作解的時候引用了幾則文獻，今具載如下：

《文選》李善注

《南越志》曰：「江豚似豬。」《臨海水土記》曰：「海

譯文

《南越志》說：「江豚像豬。」《臨海水土記》說：「海狶，牠的頭部與豕頭相似，身體長度達九尺。」郭璞《山海經注》說：「現今海裏有海狶，身形像魚，頭部像豬。」

《古今圖書集成．博物彙編．禽蟲典．第一百四十五卷》 江豚圖

狶，豕頭，身長九尺。」郭璞《山海經注》曰：「今海中有海狶，體如魚，頭似豬。」

根據上引《方言》，可知這裏〈江賦〉的「狶」（即「豨」）便是豬，合而言之，「海狶」便是海豚。在今天的生物分類裏，江豚、海豚都在鯨下目，前者屬鼠海豚科，後者屬海豚科。魚不是哺乳類動物，但是古代以為「江豚」、「海狶」都是魚，這是古人對生物分類認識的不足。《臨海水土記》所言較為具體，指出海狶頭如豬，身長九尺。所引《山海經．北山經》郭璞注，原文如下：

郭注：今海中有虎鹿魚及海豨，體皆如魚而頭似虎鹿豬，此其類也。

譯文

現今海裏有虎鹿魚和海豨，牠們的身形像魚，而頭部像虎鹿豬，兩者實是同類。

就這裏的郭璞注，得見海豨是魚身而豬頭，這大概便是古人對於海豚形象的具體認識。又因其身軀像魚，古人便以為屬於魚類。

聶璜繪《海錯圖》　海豘（豚）

三才圖會卷之鳥獸六

江豚

江豚即江猪狀似㹠鼻中有聲腦上有孔噴水直上出入波浪中見則有風無鱗黑色多脂膏以其腦中有井故又名井魚入耵豚子繫著水中母自來就而耵之其子如鱧魚子數萬為群隨母而行

《三才圖會．鳥獸六》槐蔭草堂藏板　江豚

○《本草綱目》的記載

回到「豬」與「海豚」的問題之上。在漢語中，「豚」、「豕」皆指「豬」，「海豚」便是「海豬」之意，這在上文已經討論。明人李時珍《本草綱目》「海豚魚」，敍寫得極為具體：

《本草綱目》卷四十四「海豚魚」條

其狀大如數百觔猪，形色青黑如鮎魚，有兩乳，有雌雄，類人。數枚同行，一浮一沒，謂之拜風。其骨硬，其肉肥，不中食。其膏最多，和石灰鯰船良。

譯文

這種動物體形很大，跟幾百斤重的豬差不多，外表青黑色，像鯰魚一樣。牠們有乳房，分雄性與雌性，某些特徵跟人類很相似。經常成羣結隊活動，在水裏一會兒浮上來一會兒沉下去，這個動作被人們稱為「拜風」。牠們的骨頭很硬，肉雖然肥厚但不好吃。體內油脂特別多，用來和石灰混合修補船隻效果特別好。

根據李時珍的敍述，基本上已可見海豚作為哺乳類動物的絕大部分資訊。一是「有兩乳」，二是「數枚同行」，三是「一浮一沒」。海豚是哺乳類動物，但其乳腺並不明顯，其哺乳過程在水底下進行，人類極難察覺，但「有兩乳」是必然的。

至於「數枚同行」四字，海豚是羣居動物，一羣海豚的數量一般可達十幾條，說的是海豚的生活習性。李時珍所說的「一浮一沒」，指的是海豚會浮上水面並作呼吸。海豚身上有氣孔作呼吸之用，浮水後進行呼氣和吸氣的換氣動作，再次潛水時鼻孔緊閉，以避免海水滲入肺部。這樣的出入水中，便是「一浮一沒」了。

在中國不同地方的方言裏，台語、閩南語便稱海豚為「海豬」或「海豬仔」（hái-ti），此即古語之遺。在香港水域可見的鯨豚並不多，其中最為大家熟悉的是江豚和中華白海豚。江豚通常在香港的南面及東面水域出沒；中華白海豚則出沒於屯門及大嶼山對出的一帶水域。

顯而易見，海豚並不是豬，可是牠也不是魚，很多時候，鯨豚類動物被視為「會噴水的魚類」。其實鯨豚類屬於哺乳類動物，與同為哺乳類動物的人類的親緣關係較諸魚類更為密切。或許，海豚被誤會為豬，也比誤為魚類更貼近現代生物分類的真相。

海豚小資料

科學分類：哺乳綱鯨下目海豚科

一般平均壽命：20–30 歲

分佈：太平洋、大西洋和印度洋

平均身長與體重：體長約 1.2–9.5 米，體重 30–14000 公斤

瀕危情況：海豚科所有屬種皆列入中國《國家重點保護野生動物名錄》，其中中華白海豚為國家一級保護動物，其他海豚為國家二級保護動物

吞船與吞人的巨「魚」：鯨魚

動物分類的誤會，可能源自漢字的偏旁。鯨魚不是魚，便是這樣的故事。

古人看見鯨魚在水裏游，直覺以為「鯨」是魚，故偏旁从「魚」。《爾雅》裏沒有「鯨」字的記載；《說文解字》也沒有「鯨」字，但有一「䲔」字。

譯文

「䲔」，海裏的大魚（就是我們現在說的鯨魚）。形聲字，魚為形符，畺為聲符。《春秋傳》裏有提到「抓大鯨魚和小鯨魚」的記載。「鯨」是「䲔」的另一種寫法，把原本的「畺」換成了「京」。

◯ 是䲔魚不是鱷魚

《說文解字．魚部》

䲔，海大魚也。从魚畺聲。《春秋傳》曰：「取其䲔鯢。」鯨，䲔或从京。

在這段文字裏，最重要的是指出「䲔」的聲符可以寫作「京」，那麼，「䲔」便變成了「鯨」，這

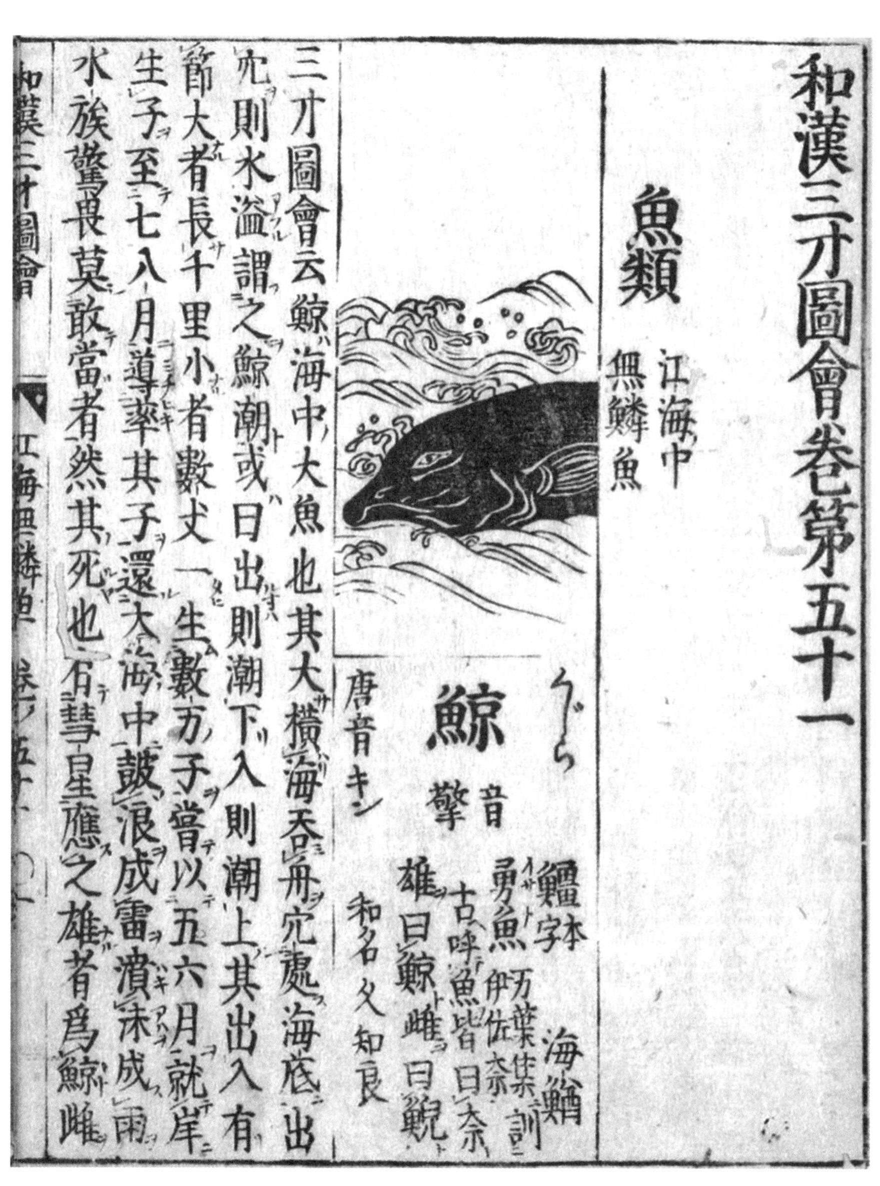
和漢三才圖會卷第五十一

魚類　江海中無鱗魚

くじら
鯨　音擎
鱷本字　海䲑
勇魚万葉集訓伊佐奈
古呼魚皆曰奈
雄曰鯨雌曰鯢
唐音キン
和名久知良

三才圖會云鯨海中大魚也其大橫海呑舟穴處海底出穴則水溢謂之鯨潮或曰出則潮下入則潮上其出入有節大者長千里小者數丈一生數万子嘗以五六月就岸生子至七八月導率其子還大海中皷浪成雷濆沫成雨水族驚畏莫敢當者然其死也有彗星應之雄者爲鯨雌

和漢三才圖會　江海無鱗魚　卷五十一

《和漢三才圖會》　鯨

便是今人熟悉的鯨魚。

鯨魚的種類繁多，至今已確定的包括十五種鬚鯨，七十五種齒鯨。其中藍鯨乃是地球史上已知的最大動物，最大的長度為 29.9 米，體重達 199 噸。如果不從傳統字書着眼，鯨魚也經常出現在古代的文學作品中。在這些作品中，最為人熟悉的，莫過於西漢賈誼的〈弔屈原賦〉。

賈誼〈弔屈原賦〉

彼尋常之汙瀆兮，豈能容夫吞舟之巨魚？橫江湖之鱣鯨兮，固將制于螻蟻。

譯文

狹小污濁的小水溝，怎麼能夠容納吞掉舟船的大魚？橫絕江湖的大魚，最終將要受制於螻蟻。

賈誼的賦作，見載於《史記・屈原賈生列傳》和《漢書・賈誼傳》。在《史記》裏，司馬遷將兩個時代不同的人（屈原、賈誼）合傳，甚為奇怪，前人學者嘗試推論二人合傳原因，多所創獲。其中，賈誼撰寫賦作，弔念屈原，成為二人合傳原因之一，最為令人信服。

賈誼哀悼屈原，以為舉世混濁，只有屈原是清高的，因而遭受流放。世間不能容納屈原，就好像狹小污濁的小水溝，不能容下可以連船也能吞下的

《古今圖書集成 · 博物彙編 · 禽蟲典 · 第一百三十八卷》 鯨魚圖

大魚。屈原像是橫絕江湖的大鯨魚，可惜還是受制於螻蟻般的小人。

鱷魚其實就是鯨魚。看到「鱷」字，要特別小心，因為鱷魚之「鱷」，與「鱷」字字形差異不大，不要混淆。鱷魚，乃是典型的大型食肉動物，屬脊索動物門蜥形綱，主要分佈在熱帶到亞熱帶的河川、湖泊、海岸，與鯨魚是截然不同的動物。

○ 吞舟之巨魚

譯文

能夠吞下船隻的大魚，一旦被沖到岸上而離開水域，就連螞蟻也能讓牠受苦。

譯文

在水中能夠吞下船隻的大魚，一旦處於陸地上，還不如一隻螻蛄、螞蟻的力量。

魚之大者，在中國古代典籍裏經常以「吞舟之魚」來形容。「吞舟之魚」意指連船隻也可吞得下的大魚，說的就是鯨魚。例如：

《莊子・雜篇・庚桑楚》

吞舟之魚，碭而失水，則蟻能苦之。

《呂氏春秋・審分覽・慎勢》

吞舟之魚，陸處則不勝螻蟻。

《淮南子・主術訓》

吞舟之魚，蕩而失水，則制於螻蟻，離其居也。

譯文

能夠吞下船隻的大魚，一旦被水流沖蕩而離開水域，就會被小小的螻蛄、螞蟻所制伏，這是因為牠離開了賴以生存的居所啊。

《文子・上仁》

鯨魚失水，則制於螻蟻。

譯文

鯨魚離開了水，就會被小小的螻蛄、螞蟻所制伏。

以上的「吞舟之魚」，看來都沒有太多的具體說明。這些吞舟之魚的描述，只是寫其大，但沒有詳情。吞舟之魚的大，更多情況下是取之與極為細小的「螻蟻」作對比。因此，用來作對比是「吞舟之魚」的主要作用。但是在《文子・上仁》裏，該書作者便直接將「吞舟之魚」換上了「鯨魚」，然則「吞舟之魚」說的究竟是甚麼，我們便都一目了然。

《爾雅・釋詁》

京，大也。

從《爾雅》之文可以清楚看到，「京」字本來就有大的意思。「鯨」字是形聲字，「魚」是形符，「京」是聲符。《漢書・揚雄傳上》引揚雄〈校獵賦〉「騎京魚」句，唐人顏師古注：「京，大也，或讀為

《三才圖會 · 鳥獸五》槐蔭草堂藏板　鯨

鯨。鯨，大魚也。」指出「京魚」即是鯨魚，且為大魚，解説簡單鮮明。

○ 鯨魚的特性

晉人崔豹著有《古今注》，其中〈魚蟲〉有一段與鯨魚相關的記載：

《古今注・魚蟲》

鯨，海魚也。大者長千里，小者數丈。一生數萬子，常以五六月就岸生子。至七八月，導從其子還大海中，鼓浪成雷，噴沫成雨，水族驚畏，一皆逃匿莫敢當者。其雌曰鯢，大者亦長千里，眼為明月珠。

譯文

鯨，是大海裏的魚。大的鯨魚可以長達一千里，小的也有數丈之長。鯨魚每次生產數萬子，經常在每年的五六月左右靠岸產子。到七八月的時候，鯨魚便會引領幼子回到深海之處。鯨魚的躍動翻起水花，如同雷響。鯨魚所噴出的水沫多如雨水，海洋生物見之而驚懼，逃走避開而不敢與之相見。雌性的鯨名曰鯢，大的雌性同樣長達一千里，牠的眼睛像是夜明珠。

《古今注》的解説極為詳細，關注了鯨魚的方方面面。這裏説鯨魚「大者長千里，小者數丈」，語帶誇張。「一生數萬子」也肯定是錯的。鯨魚乃哺乳類動物，一般而言一胎一子，跟人類無異，且懷孕期長達十二個月左右。「五六月就岸生子」，大抵可信。鯨魚在五六月時游到近岸水域產子，是合乎常理的。《古今注》説鯨魚「導從其子還大海中」，便是其照顧初生幼鯨的證據。「鼓浪成雷，噴沫成雨，水族驚畏，一皆逃匿莫敢當者」，則是鯨魚成羣出沒、呼吸噴氣的特徵。從「噴沫成雨」言之，《古今注》所指或即大翅鯨。在追逐獵物的時候，鯨魚因其身形龐大，總會造成「水族驚畏，一皆逃匿莫敢當者」的現象。

○ 雄性的鯨與雌性的鯢

《古今注》指出「鯨」是雄性，「鯢」是雌性。且看《爾雅．釋魚》對「鯢」的解釋。

《爾雅．釋魚》

鯢，大者謂之鰕。郭璞注：今鯢魚似鮎，四脚，前似獮猴，後似狗，聲如小兒啼，大者長八九尺。

譯文

鯢（俗呼娃娃魚），大的稱為鰕。郭璞注：現在的鯢魚像鮎魚，有四隻腳，前半部分像獼猴，後半部分像狗，牠的聲音如同嬰兒啼叫，大的長至八或九尺。

這裏説的「鯢」，看來跟雄性的鯨魚關係不大，而是另一種的生物。郭璞注所指應是今天的「中國大鯢」（因叫聲像嬰兒啼哭，故又名「娃娃魚」），大鯢屬兩棲動物，並不屬於魚類。無論如何，與鯨魚頗有差異，不可能是雌性的鯨魚。這裏古人大概是將魚類、哺乳類、兩棲類動物都混在一起了。

《左傳・宣公十二年》「取其鯨鯢而封之」句下

杜預注：鯨鯢，大魚名。以喻不義之人吞食小國。孔穎達《正義》援引裴淵《廣州記》云：鯨鯢，長百尺。雄曰鯨，雌曰鯢。目即明月珠也，故死即不見眼睛也。

譯文

杜預注：鯨鯢，海中大魚之名。以此比喻大奸首惡吞食小國。《廣州記》指出，鯨鯢長至一百尺，雄性的稱為鯨，雌性的稱為鯢。鯨的眼睛就是夜明珠，因其珍貴，鯨鯢在死亡後便不見了牠們的眼睛。

孔穎達《正義》解釋《左傳》此文，援引裴淵《廣州記》，所言與《古今注》相同者，皆以鯨為雄性、鯢為雌性。大抵雌性的鯨可名為「鯢」，但與郭璞所言之鯢當是二物，只是二者同名為「鯢」而已。古代漢字沒現在的多，鯢的釋義究竟如何，似乎仍沒有明確的答案，只能留待日後學者加以解決。

○ 容易混淆的漢字：「䲄」不是「鱷」

讓我們再次回到「䲄」字之上。《說文解字》裏的「鱷」，其實與「鯨」字是異體的關係。「鱷」字寫起上來，密密麻麻，一不小心，便會跟「鱷魚」的「鱷」字混在一起了。我們今天所說的「鱷魚」，「鱷」字在古代又如何表達呢？今天，我們看着「鱷」與「鱷」在外觀上有點相似，實際大有不同。且看《說文解字・虫部》的解說。

《說文解字・虫部》

蚌，似蜥易，長一丈，水潛，吞人即浮，出日南。从虫屰聲。

譯文

蚌，樣子像蜥蜴，身長一丈，在水下潛伏，吞食人時就浮上水面。產於日南郡。形聲字，虫為形符，屰為聲符。

根據《說文解字》，這裏的「蚌」字所指的便是鱷魚了。牠長得似蜥蜴，長三米多，能潛水，吃人之時才浮出水面。日南即漢代的日南郡，是漢廷出兵消滅南越國後所設置，其所在地即現今東南亞越南之地。《說文解字》指出鱷魚原產自今越南地區，蓋亦有識。而且，這裏描寫了「蚌」在捕捉獵物時的形態，先埋伏在水裏，適時才出來突襲，把人也吞掉。如此，不就與今之鱷魚相同嗎！

說到「蚌」（鱷），還有一個字與此相關，那便是「鼉」。同樣是《說文解字》裏的記載：

《古今圖書集成 · 博物彙編 · 禽蟲典 · 第一百三十八卷》 鱷魚圖

譯文

鼉，一種形如蜥蜴而身體長大的水生動物，即揚子鱷。形聲字。黽為形符，單為聲符。

《說文解字・黽部》

鼉，水蟲。似蜥易，長大。从黽單聲。

「鼉」是甚麼呢？有說就是我們今天所見的揚子鱷。揚子鱷乃是中國特有的一種鱷魚，體形細小，分佈在長江中下游地區及太湖。在瀕危物種中屬極危，其野外族羣的數量可能不足二百條，約有一萬條屬圈養。《說文解字》指出「鼉」似蜥蜴，言「似」便即不是蜥蜴。古人以動物為蟲，「鼉」生活在水中，因此類之為水蟲。在甲骨文、金文裏，已有「鼉」字。甲骨文、金文所表現的，大多為先民生活所能見的，質言之，是當時已可見「鼉」。

1

甲骨文裏的「鼉」字

2

邵黛鐘（春秋晚期）裏的「鼉」字

1 甲骨文字形，參自《殷墟書契後編》，編號：2.37.13。
2 金文字形，參自《殷周金文集成》，編號：226。

在宋代雕版印刷流行以前，一字的異體時有所見。究其原因，漢字數量有限而且手抄字體有欠規範，致使一字而有許多寫法。到了唐代，正字之風漸盛，顏師古《顏氏字樣》、顏元孫《干祿字書》、張參《五經文字》、唐玄度《九經字樣》等先後主張正俗之分。就今所見，「鱷」字有以下異體字：

- 「⿰虫屰」《集韻．入聲．鐸韻》
- 「⿰虫咢」《集韻．入聲．鐸韻》
- 「鰐」《康熙字典．魚部》
- 「⿰魚屰」《龍龕手鑑．魚部》
- 「⿰魚⿱罒屰」《正字通．魚部》

以上六個都是「鱷」字的異體字。這些異體字，它們的形符有从「虫」者，也有从「魚」者；聲符主要有「屰」和「咢」之分。在這些字書所記載的字形裏，《說文解字》時代最早，採用的是「虫」旁，相較後世正字的「鱷」而言，《說文解字》所載更為符合鱷魚屬爬行動物（爬蟲類）的特質，而不是魚類。

今天，我們在眾多異體字裏挑選了「鱷」字作為正字，可是「鱷」並非魚類。可以這樣說，在文字規範以後，反而容納不下意思較為正確的異體字，只能說是「鱷」字留下來的遺憾。

鯨魚是哺乳類動物而不是魚，海洋裏的動物，並非古人之所能見。無由得知，因此認知有限。但是在古代典籍裏，鯨之為大，可以吞舟，卻是古人早已認識的事情，也抓住了鯨魚的重點。海洋較諸陸地而言，更為神祕，文字創造與動物分類本為二事，從中也為我們觀照世界的不同部分帶來無限的啟發。「鯨」可以寫作「鱷」，這是一字的異體。「鱷」與「鱷」看起上來甚為相近，其實乃是兩個截然不同的漢字。前者是「鯨」的異體字，而後者則是鱷魚之「鱷」。「鱷」不是「鱷」，自然也就跟鯨魚毫無關係。

鯨魚小資料

科學分類：哺乳綱鯨下目

一般平均壽命：40–90 歲

分佈：全世界海域俱有

平均身長與體重：因類而異，藍鯨身長 30 多米，體重約 200 噸

瀕危情況：藍鯨屬於瀕危物種

沒有前腳的貀

世界上有二足的動物，也有四足的動物，當然也有更多足的昆蟲。有二足沒有問題，有四足也沒有問題，但偏偏有一種動物，牠有二足，但人們卻以為牠應該本有四足，沒有了前足，餘下二足自是並不尋常。

○ 一足、二足、四足？

人也好，其他各種動物也好，手腳都是雙數為主的，偶有出現單數，必然引起哄動。在細說四肢、二肢之前，讓我們先來看看一肢的記載：

《韓非子．外儲說左下》

哀公問於孔子曰：「吾聞夔一足，信乎？」曰：「夔，

譯文

魯哀公問孔子說：「我聽說夔這個人只有一隻腳，這是真的嗎？」孔子回答說：「夔是個人，怎麼會只有一隻腳呢？這個人沒有甚麼不同的地方，就只是精通音律。堯說：『有夔一個人就足夠了。』使他當了樂正（官名）。因此有學識的人給以很高的評價說：『有像夔這樣一個人就足夠了。』不是說他只有一隻腳啊。」

人也何故一足？彼其無他異，而獨通於聲。堯曰：『夔一而足矣。』使為樂正。故君子曰：『夔有一足。』非一足也。」

夔傳說是堯舜時代的樂官，除此以外，還有一個關於夔的傳說，那就是上引《韓非子》的一段，有說夔只有一隻腳。孔子博學多才，魯哀公便問他夔只有一腳之事是否可信。孔子援引帝堯所說，以為所謂「夔一足」乃指如夔這樣的人才一個便已足夠，並非夔只有一腳。孔子的一番解釋，能夠平息我們的疑惑嗎？不要忘記還有《山海經》的記載：

《山海經·大荒東經》

東海中有流波山，入海七千里。其上有獸，狀如牛，蒼身而無角，一足，出入水則必風雨。其光如日月，其聲如雷，其名曰夔。黃帝得之，以其皮為鼓，橛以雷獸之骨，聲聞五百里，以威天下。

譯文

東海當中有座流波山，這座山就坐落在進入東海七千里的地方。山上有一種野獸，牠的形狀像普通的牛，但身子是青蒼色的，沒有犄角，而只有一條腿，每每這種野獸出入海水，就一定會有大風大雨相伴隨。這種野獸發出的亮光就如同太陽和月亮一樣，牠吼叫的聲音就如同打雷，牠的名字叫夔。黃帝得到牠，便用牠的皮做成鼓，再用牠的骨頭敲打此鼓，這種鼓發出的響聲就會傳到五百里以外，這種鼓因而威震天下。

《山海經》的「夔」，可能是一隻怪獸。只有一隻腳，那麼牠是如何平衡的呢？長得像牛，牠又怎能同時是堯的大臣呢？為甚麼「夔」可以發光的呢？

怎樣如同太陽呢？想深一層，如果「夔」在晚上出現，我們是否都不用照明系統了，因為有「夔」已足夠了。「夔」的呼叫聲也十分淩厲，如同雷響。凡此種種，這個「夔」肯定並非堯的大臣，與《韓非子》所記載的並不相同。究竟是怪獸「夔」只有一足，抑或是賢臣「夔」一個便足夠，難有定論。不過，「一足」之為神奇，卻是《韓非子》所以詳加討論的因由。

○ 沒有前腳的動物

古人惜墨如金，再加上書寫材料與工具畢竟有限，導致許多記載過於簡略，後人難以得知詳情。因為難知，便生出了各式各樣的解說。

《爾雅・釋獸》

貀，無前足。

譯文

貀是指沒有前足的獸。

這裏的描述便極為簡單，沒有説貀究竟像些甚麼動物，而只是一種無前足的動物。《説文解字》的

蔣應鎬繪《山海經》明萬曆時期刊本　夔

《山海經廣注》金閶書業堂藏板　夔

說法也相近。根據《爾雅》的描述，可以肯定貀並沒有前足。如果動物原有四足，分為前足和後足，而貀應當是只有後足。這樣的情況，也可以是另一個假設的發展。如果貀是一種兩腳站立的動物，那並沒有「前足」的概念；無前足，表明貀只有後足。還有另一種可能性：貀可能是前足極短小，只靠後足活動，故有「無前足」之稱。

《爾雅．釋獸》之文過於簡略，郭璞注釋較為詳細，或許可作補充：

譯文

在晉武帝太康七年，在召陵扶夷縣捕得一隻動物，牠的身形像狗，有着豹紋，頭上有角，兩隻腳，便是貀。又另一說，以為貀像老虎而較黑，沒有前二足。

郭注：晉太康七年，召陵扶夷縣檻得一獸，似狗，豹文，有角，兩脚，即此種類也。或說貀似虎而黑，無前兩足。

這裏郭璞指出在晉武帝太康七年（286）的時候，在召陵扶夷縣捕捉得一野獸，形狀似狗，身上有豹紋，頭上有角，只有兩隻腳。郭氏以為當時所捕獲的便是貀。郭氏並注或說，指出貀的形體與老虎相似，但呈黑色，沒有兩隻前足。如果我們說貀是傳說中的動物，而在晉朝出現了的這隻動物，便坐實了相關傳說。所謂「無前兩足」，其實是假設

《爾雅音圖》清嘉慶六年藝學軒影宋本　「貀，無前足。」

走獸本有四足；如果動物本當兩足，那便無用這句「無前兩足」了。

除了注釋《爾雅》以外，郭璞也注釋《山海經》。讓我們看看《山海經》的記載：

《山海經·西山經》

曰玉山，是西王母所居也。［……］有獸焉，其狀如犬而豹文，其角如牛，其名曰狡，其音如吠犬，見則其國大穰。

譯文

玉山是西王母居住的地方。［……］山中有一隻野獸，形狀像狗，身上長着豹的斑紋，頭上還長着一對牛角，叫做狡，吼聲如狗吠。牠在哪個國家出現，哪個國家就會五穀豐登。

這裏的「狡」是一種瑞獸，是農作物豐收的徵兆。狡的形狀像狗，身體有豹紋，長着牛角，聲音像狗吠。

上引《山海經》文字的郭璞注

郭注：晉太康七年，邵陵扶夷縣檻得一獸，狀如豹文，有二角，無前兩脚，時人謂之「狡」。疑非此。

譯文

在晉武帝太康七年，在邵陵扶夷縣捕得一隻動物，牠有着豹紋，頭上有一對角，沒有前二足，當時人稱牠為「狡」。此說法大抵並不正確。

郭璞因為同注二書，故將《山海經》的「狡」與《爾雅》的「貀」扯上關係。但同時認為，晉太康七年有人所捕捉的動物是「無前兩腳」的「貀」，而並非「狡」，故郭氏以為當時的人有所誤會。

蔣應鎬繪《山海經》明萬曆時期刊本　狕

現存不少配圖本的《爾雅》和《山海經》，其中附有明人所繪畫的插圖。如果我們細意比較「貀」與「狖」，兩者的分別頗為明顯。在《爾雅》裏，繪畫之重點在於「無前兩足」；在《山海經》裏，因為「其狀如犬」，而狗有四肢，所以「狖」之四肢清晰可見。清人邵晉涵《爾雅正義》指出：「此蓋當時檻得異獸，人以為即《山海經》之狖，郭氏以意定為貀之類也。」邵氏補充，郭璞以為「貀」與「狖」本非一物，因而臆測晉代所見者不過是「貀」而非「狖」。其實，要分辨是「貀」還是「狖」，最為關鍵的是牠究竟有兩足還是四足。

○ 豽又是怎樣的動物？

《爾雅》裏的「貀」其實非常簡單，牠的特徵只有「無前足」三字。除了《爾雅》以外，更可以參考《説文解字》的解説。

《說文解字・豸部》

貀，獸無前足。从豸出聲。《漢律》：能捕豺貀，購百錢。

譯文

貀是沒有前足的動物。形聲字，豸為形旁，出為聲旁。《漢律》：能夠捕捉豺或貀，政府以百錢購買。

這裏清楚表明，貀是獸名，其形狀是沒有前足。依照《漢律》規定，能捕捉到一隻豺或貀者，官府懸賞百錢。豺是犬科豺屬至今唯一倖存的動物，在中國傳統典籍的記載裏經常都不懷好意。按照「豺」和「貀」的字形，二者皆屬豸部。《說文解字》:「豸，獸長脊，行豸豸然，欲有所司殺形。」豸是長脊獸行豸豸然，即長脊蜿蜒。象形字，像猛獸的側面，高頭大口，脊背甚長而曲作弓形，似乎準備着伺機撲殺的樣子。徐鍇《說文解字繫傳》以為「豸豸，背隆長皃」。大抵猛獸撲殺動物，皆先曲身擬度，然後伸脊向前直撲，此即所謂「豸豸然」也。然則貀亦是一種有着「背隆長皃」的動物。

宋人丁度《集韻》對「貀」的解釋，或許可為我們帶來一點啟發。

《集韻・入聲》

貀、豽，女滑切。獸名。《說文》無前足，《漢律》能捕豺貀購百錢。或作豽。

譯文

貀與豽，讀音為女滑切。動物名稱。《說文解字》記載貀沒有前腳，引《漢律》指出能夠捕捉豺或貀，政府以百錢購買。貀或寫作豽。

丁度《集韻》指出「貀」與「豽」二字相通。除了《集韻》以外，《廣韻》也有類似的說法。

《廣韻・入聲》

豽，獸名，似狸，蒼黑，無前足，善捕鼠。《說文》作「貀」。

譯文

豽，動物名稱，像狸，青黑色，沒有前腳，擅長捉鼠。《說文》寫作「貀」。

結合《集韻》和《廣韻》的記載，學者指出「貀」和「豽」二字可以相通，因此可以借助「豽」的特點來推敲「貀」究竟是怎麼樣的動物。「豽」似狸，顏色是蒼黑的，同樣是無前足，而且善於捕鼠。在今天，我們比較清楚狸是甚麼，狸的身體大如貓，圓頭大尾，以鳥、鼠等為食，有時也兼吃家禽。當然，我們心裏會想，豽只有後腳，雖說似狸，但狸有四足故能捕鼠，沒有前足的豽（或貀），要如何才能夠捕鼠呢？顯而易見，能夠捕鼠的描述並不可靠。

○《海錯圖》裏的膃肭獸

如果「貀」真的跟「豽」有關係的話，那麼「貀」可能是海獅科的一種動物。誠如前文引述，《爾雅》所說的「無前足」理當只是強調貀的前足並不明顯。

如果真的沒有前足的話，只有後兩足，即強調其有兩足可矣。何必特別指出「無前足」呢？因此，我們可以由《爾雅》這個簡單的解說，得悉「貀」是前足退化，後足發達的動物。又，結合上文所援引各字書，可以得出貀的其他特徵，包括：

- 「行豸豸然」。貀的背部可以隆起，尤其在捕獵之時。這是牠的身體特徵。
- 「似狗，豹文」。貀的身上有如豹般的花紋，其體態與狗相似。
- 「似虎而黑」、「蒼黑」。貀的顏色應該是黑色或青黑色的。

結合以上數個特點，在現存的海獅科生物之中，大抵以海狗與上述特徵最為相近。接下來，讓我們來看看明人李時珍在《本草綱目》裏的記載。《本草綱目》卷五十一獸之二載有「膃肭獸」，李時珍直言此為「海狗」。《本草綱目》援引《說文解字》，指出膃肭獸在《說文》裏寫作「貀」，與「肭」相同。然後援引《唐韻》:「膃肭，肥貌。或作骨貀，訛為骨訥，皆番言也。」可知「膃肭」是外來語彙的轉譯。海狗在日本蝦夷[1]土著的語言中稱為「onnep」，取其諧音

1　蝦夷指的是日本的阿伊努族（Ainu），是日本最古老的居民，亦是日本除了大和民族以外唯一的少數民族。名之為「夷」，乃是出自日本南方的大和民族對阿伊努族的稱呼，實際上是一種鄙稱。蝦夷語亦即愛努語（Ainu language）。現今的阿伊努人，主要分佈在日本北方及俄羅斯東南方。

《古今圖書集成 · 博物彙編 · 禽蟲典 · 第一百六十四卷》 膃肭獸圖

譯為「膃肭」。膃肭二字在古漢語中即肥軟之貌。皮日休《二遊詩・任詩》有云：

> 猿眠但膃肭，梟食時嗹喽。

譯文

猿猴睡得又肥又軟，水鳥吃得嗹喽之貌。

可見「膃肭」多用來形容肥軟之貌。清代康熙年間的《海錯圖》，便繪有膃肭獸，大概跟我們看到的海狗有些相似，但又不完全相同。海狗的耳甚小，四肢呈鰭狀，但不是「無前足」。海狗在陸上走動的時候不甚靈活，後肢在水中方向朝後，上陸後則可彎向前方，用四肢緩慢行走。海狗的身體上沒有鱗片，體表多毛，與《海錯圖》所繪的鱗片狀顯有不同，也是古人對海洋生物認知不足所致。

提起海狗，今人面對的難題是如何將海獅、海豹、海狗三者區分。簡言之，海豹沒有耳朵，面相像貓，幼時長有白色茸毛，成年後則有斑點花紋，身體長約 1.6–3.3 米。海獅有突出的耳朵，全身毛髮粗硬，有長而粗的鬃毛，身體約長 2 至 3 米。海狗有耳朵，毛髮鬆軟，體形較小，身體長約 1 米。

至於貀，作為「無前足」的動物，究竟是否便是膃肭獸（海狗），並無定論，或許要等待專家學者進一步的考證。

聶璜繪《海錯圖》 膃肭獸

海狗小資料

科學分類：哺乳綱食肉目鰭足類海獅科海狗亞科

一般平均壽命：15–26 歲

分佈：南冰洋、北美洲西岸、南美洲南岸、非洲西南岸、大洋洲南岸

平均身長與體重：身長約 1.5–2.5 米，體重約 40–200 公斤

瀕危物種紅色名錄：海狗亞科下有九種，因品種而異

智慧與不祥的代表：貓頭鷹

今天，文化交流極為方便，世界各地的交通也甚為便捷。古代社會則不然。同一事物，在不同的國度裏，其所蘊含的文化意義，可以是截然不同。不祥與智慧，如何可以混為一談，古代中西文化裏的貓頭鷹便是這樣的一種動物。

○ 一種不孝的鳥

有幾個詞彙，在今天看來都是鴞形目的鳥類，包括了鴞、梟、貓頭鷹。牠們的意義不盡相同，讓我們先看看字書裏的記載。

《說文解字・木部》

梟，不孝鳥也。日至，捕梟磔之。从鳥頭在木上。

譯文

梟是不孝順的鳥。夏至之日，捕捉梟鳥，裂解肢體。由鳥頭在木上會意。

據《說文解字》所說，梟是一種不孝的鳥；因此到了夏至當天，捕捉梟鳥並處以磔刑，將其頭及肢體掛於樹上。這描述裏的獵人固然可怕，但更重要的是梟有着不孝的元素。梟為甚麼會不孝呢？傳說牠在羽翼長成後，便吃掉母親而飛走。北齊劉晝《劉子》便有相關的記載。

《劉子》卷九〈貪愛〉

炎州有鳥，其名曰梟，傴伏其子，百日而長，羽翼既成，食母而飛。

譯文

炎州有一隻鳥，牠的名字叫梟，曲背俯伏照顧幼鳥。一百日後幼鳥長成，羽毛已長，可展翅而飛，便吃掉母親而飛翔。

根據《劉子．貪愛》的描述，梟的成長過程相當可怕，牠會在出生百日，羽翼已成以後，便將生母吃掉。梟的不孝之名，大抵由此獲得。明人張自烈《正字通》也有類似的描述。

《正字通．木部》

梟，鳥生炎州，母嫗子百日，羽翼長，從母索食，食母而飛。關西名流離。又土梟，鷹身貓面，穴土而居。

譯文

梟，出生於炎州，母鳥養子一百天，待幼鳥羽翼已長後，便向母鳥拿取食物，及後吃掉母親而飛翔。在關西的名字叫流離。此外，土梟是有鷹的身軀，以及貓的臉孔，挖地道而居住。

不少動物也會出現一胎數隻兄弟互相殘殺的情況，鳥類亦不例外，但「食母而飛」，實屬不可思議。畢竟雛鳥需要母親照顧，百日便將母鳥吃掉，自不可能。幼鳥依靠母鳥餵哺，如果幼梟在百日之大即吃掉母鳥，雖然解決了一頓，只會引起更多的問題，未免稍為脫離現實。

○ 鴟梟鳴衡軛

除了「梟」以外，還有鴞。《說文解字》同樣記載了有關「鴞」的資料。

《說文解字・鳥部》

鴞，鴟鴞，寧鴂也。从鳥号聲。

譯文

鴞，鴟鴞鳥，又名寧鴂鳥。形聲字，鳥為形符，号為聲符。

這裏的鴞與梟相似，讀音亦相同。在中古音（約魏晉至唐）裏，鴞屬云母宵部，梟屬見母蕭部，高亨《古字通假會典》以為二字可以相通。《說文解字》裏的「鴟鴞」，也就是三國時代曹植〈贈白馬王彪〉詩歌裏「鴟梟鳴衡軛，豺狼當路衢」的「鴟梟」。

《三才圖會．鳥獸二》槐蔭草堂藏板　梟

比較《説文解字》寫作「鴞」而曹詩作「梟」，則兩字可以相通自可考見。

《説文解字》所言「寧鴂」，這個名字本乎《爾雅》。《爾雅．釋鳥》云：「鴟鴞，鸋鴂。」《詩經．豳風．鴟鴞》云：「鴟鴞鴟鴞」，《毛傳》云：「鴟鴞，鸋鴂也。」《爾雅》很多時候根據《詩經》《尚書》的文本釋義，這裏《毛傳》實本乎《爾雅》以釋〈豳風〉之文。結合揚雄《方言》，則知「鸋鴂」當為鴟鴞的一種説法。

《方言》卷八

桑飛，自關而東謂之工爵，或謂之過鸁，或謂之女匠。自關而東謂之鸋鴂。自關而西謂之桑飛，或謂之懱爵。

譯文

桑飛，函谷關以東的地區稱之為「工爵」，也有的稱之為「過鸁」，還有的稱之為「女匠」。函谷關以東的地區稱之為「鸋鴂」。函谷關以西的地區稱之為「桑飛」，也有的稱之為「懱爵」。

根據《方言》所載，「桑飛」是共同語，而「鸋鴂」則為關東方言。但要注意的是，我們今天説「梟」、「鴞」當為一物，皆屬鴞形目的鳥類，與《方言》所解釋的不盡相同。以下是晉人陸璣對鴟鴞的論述。

譯文

鴟鴞，似黃雀但身形更小，牠的嘴如同錐般尖銳，找來茅莠以築巢，用麻連綴，如同編織襪子一樣。巢懸掛在樹枝之上，有一房或二房。鴟鴞，幽州人稱之為「鸋鴂」，也有的稱之為「巧婦」、「女匠」。函谷關以東的地區稱之為「工雀」，也有的稱之為「過羸」。函谷關以西的地區稱之為「桑飛」，也有的稱之為「襪雀」、「巧女」。

《毛詩草木鳥獸蟲魚疏》卷下

鴟鴞，似黃雀而小，其喙尖如錐，取茅莠為巢，以麻紩之，如刺襪然。縣著樹枝，或一房或二房。幽州人謂之鸋鴂，或曰巧婦，或曰女匠。關東謂之工雀，或謂之過羸，關西謂之桑飛，或謂之襪雀，或曰巧女。

據此書所釋，鴟鴞比黃雀更小。今天所見鴞形目鳥類，大者如鵰鴞體長可達 90 厘米，小者如東方角鴞體長不及 20 厘米。至於黃雀，體長約為 12 厘米，因其雄鳥羽毛呈淺黃綠色，雌鳥羽毛呈微黃有暗褐條紋而得名。然較諸最小的東方角鴞而言，黃雀還是比較細小的，有關鴟鴞便是黃雀之説，尚有待更多的證據才可以證實。

○ 不祥的鵩

除「梟」和「鴞」外，還有「鵩」。西漢初年，洛陽少年賈誼在漢文帝時任太中大夫，甚得文帝喜愛。可惜當時老臣，如周勃、灌嬰等，認為賈誼專欲擅權，漸生不滿之情，並多加讒言，最後文帝亦疏遠賈誼，將他貶謫為長沙王太傅。太傅是老師之意。到了長沙，因見其地卑濕，賈誼自以為不得長壽，於是作賦以自我排遣。這便是傳頌千古的〈鵩鳥賦〉。

為甚麼要創作〈鵩鳥賦〉呢？那是因為一隻不祥之鳥——「鵩」，飛進賈誼的府第。賈誼與鵩鳥的虛構對話，實為自我精神剖白：一則排遣貶謫苦悶，二則以道家齊物觀解構生死迷思，三則透過「禍福相依」「德人無累」等哲思，達成對現實困境的超脫。此篇賦作實為借鳥言志的寓言，反映漢初士人在政治逆境中尋求安頓的心路歷程。在司馬遷《史記》、班固《漢書》、蕭統《昭明文選》俱有載錄此賦，賦文前有一段小序性質的文字，各書的記載卻不盡相同。今排比對讀如下：

《史記》　有鴞　飛入賈生舍，止于坐隅。楚人命鴞曰「服」。

《漢書》　有服　飛入　誼舍，止於坐隅。服似鴞，不祥鳥也。

《文選》　有鵩鳥飛入　誼舍，止於坐隅，鵩似鴞，不祥鳥也。

《史記》說有「鴞」飛入賈誼府第，坐在賈誼身旁，而楚人將鴞命名為「服」，如此看來寫作「服」是楚語。《漢書》不作「鴞」，改作「服」，並強調「服似鴞」，既言「似」，表明了兩者並不相同。《文選》所載此賦文字與《漢書》較為接近，謂之為「鵩」。如果鴞是今天的貓頭鷹，則「鵩」是貌似貓頭鷹的一種不祥之鳥。由是觀之，《史記》與《漢書》、《文選》的見解並不一致。

根據《史記》、《漢書》、《文選》三書的記載，「鴞」是這種鳥的通名，在楚地則稱之為「服」；牠的顏色或為黑色，或為綠色；不能遠飛，大小與斑鳩相若，稍大於鵲；「服」是牠的叫聲，是一種惡鳥，如果飛入人家，便會帶來凶事。如果細考現存物種，今所見「斑頭鵂鶹」，即一種無角羽的貓頭鷹，與賈誼所見的「鵩」頗為相近。

細考之，「斑頭鵂鶹」體形較小，頭有斑紋，可在白天活動，與夜行性的大部分貓頭鷹稍有不同。

《山海經》裏亦可見「鴞」的蹤影，如黃山有鳥「其狀如鴞」、白於之山則是「其鳥多鴞」、崦嵫之山之鳥「其狀如鴞而人面」，雖然未有直接出現「鴞」的描述，但以鴞入文之例仍然在在可見。

在上文賈誼〈鵩鳥賦〉的對讀裏，可見「服似鴞」的描述。《漢書》每多沿襲《史記》舊文，而此部分的描述卻不盡相同，《史記》強調楚人名「鴞」曰「服」，則「服」是楚語。《漢書》與《文選》以為「鵩」與「鴞」相似，並強調二者皆不祥之鳥。此三書重點有所不同也。無論「鴞」與「鵩」是否相同，二者同為不受歡迎的惡鳥則無別。古代文人好以鴟鴞喻奸佞小人，難免令人聯想到〈鵩鳥賦〉中的鵩是否暗有所指，其中「野鳥入室，主人將去」二句，與呂后以女主的身份干預漢室朝政，妨礙劉姓的主人地位，又似有暗合之處。呂后名雉，而「雉」即野雞。賈誼在漢文帝一朝任職，其時距離呂后以女主干政並不遠，「野鳥入室」指的可能正是呂雉，漢臣以此為鑒，不亦宜乎！鴞、梟為惡鳥，劉向《説苑》載錄了一個故事。

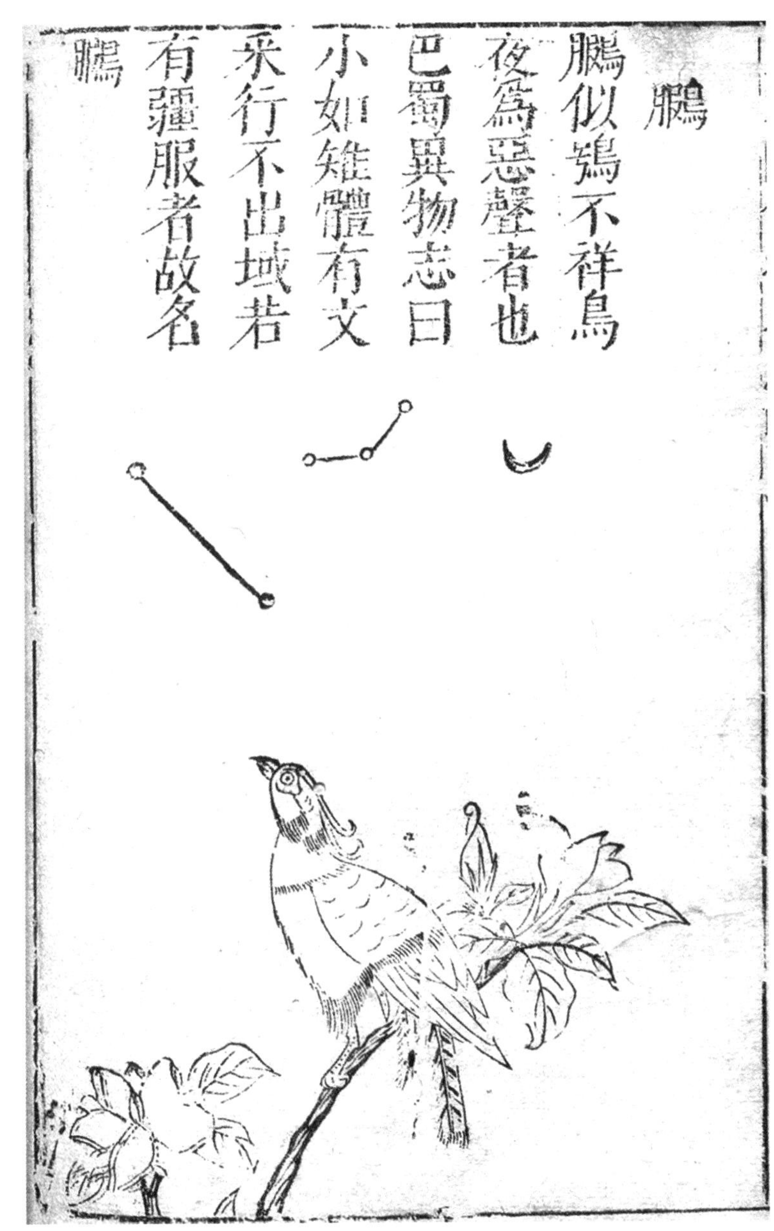
鵩

鵩似鴞不祥鳥
夜為惡聲者也
巴蜀異物志曰
小如雞體有文
采行不出域若
有彊服者故名

鵩

《三才圖會．鳥獸二》槐蔭草堂藏板　鵩

徐鼎《毛詩名物圖說》清乾隆三十六年刊本　鴞

蔣應鎬繪《山海經》 人面鴞

《說苑·談叢》

梟逢鳩。鳩曰：「子將安之？」梟曰：「我將東徙。」鳩曰：「何故？」梟曰：「鄉人皆惡我鳴，以故東徙。」鳩曰：「子能更鳴可矣，不能更鳴，東徙猶惡子之聲。」

譯文

貓頭鷹遇見布穀鳥，布穀鳥問：「你打算去哪裏？」貓頭鷹說：「我準備往東遷移。」布穀鳥問：「甚麼原故？」貓頭鷹說：「鄉里人都厭惡我的叫聲，因此往東遷移。」布穀鳥說：「你只要能改變叫聲就行了，不能改變叫聲，往東遷徙，人們仍然厭惡你的聲音。」

在故事裏，梟遇上了鳩，其時梟將東遷，因當地人皆惡其鳴聲。鳩以為除非梟能改其鳴聲，否則即使東徙以後，東邊之人仍會厭其鳴聲。梟之不受歡迎，可見一斑。

中國人長期視梟、鴞為惡鳥，其實亦有例外。唐人劉恂《嶺表錄異》卷中載中國北方人以為怪異，南方人則豢養為捕鼠益禽。

《嶺表錄異》

北方梟鳴，人以為怪，共惡之。南中晝夜飛鳴，與烏鵲無異。桂林人羅取，生鬻之，家家養，使捕鼠，以為勝狸。

譯文

北方的梟在鳴叫之時，人們以為乃是奇怪的動物，對其感到厭惡。梟在南方一天到晚飛翔鳴叫，與一般雀鳥無異。桂林人搜羅求取梟，生捕而賣之，以供人們豢養。用梟捕鼠，功效更有勝於狸。

南北文化有所不同，此為一例。桂林人不單止不害怕「野鳥入室，主人將去」，更加豢養着梟，用梟來捕鼠，以為梟更勝於狸。

○ 像貓頭鷹一樣聰明

西方文化在貓頭鷹的文化意蘊上，與傳統中國文化迥異。貓頭鷹的英文 owl 屬擬聲詞，源於拉丁文，原指哀傷的哭喊聲，後來則用之來表示貓頭鷹的啼叫聲，進而借代用作貓頭鷹。

在古希臘和古羅馬的史前文明時代，貓頭鷹象徵着死亡女神與再生女神。在奧維德（Ovid，前 43–17/8）《變形記》（*Metamorphoses*）裏，貓頭鷹專門帶來不祥預兆；在維吉爾（Vergil，前 70–前 19）《艾尼亞斯紀》（*Aeneid*）裏，腓尼基公主自殺前，貓頭鷹在屋頂上哀鳴；英國中世紀詩人傑弗瑞·喬叟（Geoffrey Chaucer，約 1313–1400）《百鳥會議》（*The Parliament of Fowls*）裏，貓頭鷹隱喻着死亡。這些都與中國的描寫比較接近，貓頭鷹乃是惡鳥。[1]

在希臘神話裏，貓頭鷹搖身一變成為了智慧女神雅典娜的聖鳥，站在她的肩膀上，同為她的象徵。在《伊索寓言》與《格林童話》裏，象徵智慧的貓頭鷹屢有出現，民間更生成「As wise as an owl」這句短語，形容人像貓頭鷹一樣有智慧。[2]

在西方文化裏充滿智慧的貓頭鷹，不能不提英國小說家羅琳（J.K.

1 吳志英：〈貓頭鷹在英漢語中的文化內涵及某些習慣表達與翻譯〉，《現代語文（語言研究）》第 6 期（2015 年），頁 152–153。

2 吳志英：〈貓頭鷹在英漢語中的文化內涵及某些習慣表達與翻譯〉，《現代語文（語言研究）》第 6 期（2015 年），頁 152–153。

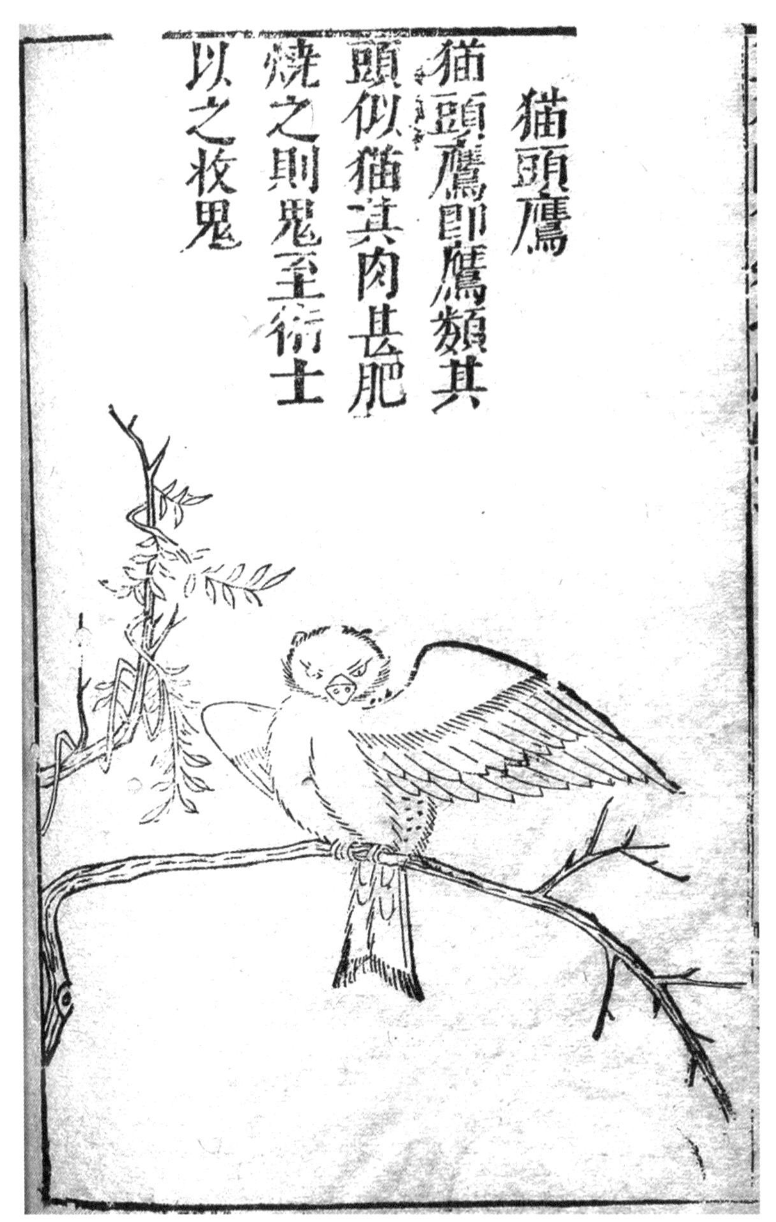

猫頭鷹

猫頭鷹即鷹類其頭似猫其肉甚肥燒之則鬼至術士以之袚鬼

《三才圖會 · 鳥獸二》槐蔭草堂藏板　猫頭鷹

Rowling, 1965– ）的作品——《哈利・波特》（*Harry Potter*）。在小説裏，貓頭鷹是連接魔法世界和現實世界的重要樞紐，牠們擔任着傳遞信件、包裹，甚至是飛天掃帚「光輪 2000」等重要物品的任務。小說主角哈利・波特的貓頭鷹是海格（Rubeus Hagrid）送給他的生日禮物，是一隻雪鴞（snowy owl）。在現實生活裏，雪鴞全身雪白，非常漂亮。體長在 50 到 71 厘米之間，屬於體形較大的貓頭鷹。雪鴞分佈在整個北極圈周圍的凍土地帶。

在我們看來，中國傳統文化裏的貓頭鷹可能是惡鳥，大抵因其晝伏夜出，以及捕殺獵物的習性使然。另一方面，因其兇猛的本性，貓頭鷹亦難以成為人類的寵物。可是，貓頭鷹在西方文化裏代表了智慧，更可以成為人類的好夥伴，這畢竟代表了迴異的中西文化意涵。

貓頭鷹小資料

科學分類：鳥綱鴞形目

一般平均壽命：總共約有 250 種，各有相異

分佈：各地皆有

平均身長與體重：大者如鵰鴞體長可達 90 厘米，小者如東方角鴞體長不及 20 厘米；前者體重約 2.7 公斤，後者體重 0.13–0.3 公斤

瀕危物種紅色名錄：大部分無危

不懷好意的犬科動物：豺

同一樣的動物，在不同的時空、不同的地域裏，牠的文化意蘊可能大有不同。古漢語較為流行單音節的詞彙，現代漢語的詞彙則以雙音節的為主。這個分別，在豺的描述裏便會出現。

○ 豺與豺狼

豺是犬科豺屬至今唯一倖存的動物，在中國傳統典籍的記載裏經常都是不懷好意的形象。

《爾雅・釋獸》

豺，狗足。郭璞注：腳似狗。

譯文

豺即豺狗，其足如狗。郭璞注：豺的腳與狗的相似。

《爾雅》的記載僅僅討論了豺的一個特點，那便是豺擁有如同狗足一般的腳；質言之，其他部位如頭、身形等是否與狗相類，則沒有觸及。

《說文解字·豸部》

豺，狼屬，狗聲。从豸才聲。

譯文

豺，狼一類，有像狗一樣的叫聲。形聲字，豸為形符，才為聲符。

《說文解字》的解釋與《爾雅》不盡相同。今天，我們知道豺是犬科豺屬的動物，而《說文解字》謂之狼屬，稍有不同。其實豺屬、狼屬俱為犬科。《說文解字》分類更有意思的是，豺更多時候與「狼」一起出現；我們也會稱之為「豺狼」。清人郝懿行是動物學專家，他的《爾雅義疏》便對「豺」作出深入討論。

《爾雅義疏》

《說文》:「豺，狼屬，狗聲。」〈夏小正〉:「十月，豺祭獸，善其祭而食之也。」高誘《呂覽·季秋紀》注:「豺，獸也，似狗而長毛，其色黃，於是月殺獸，四圍陳之，世所謂祭獸。」《一切經音義》引《倉頡解詁》云:「豺似狗，白色，爪牙迅利，善搏噬也。」《埤雅》云:「豺，柴也」，又曰「瘦如

譯文

《說文解字》以豺為狼屬，有像狗一樣的叫聲。《大戴禮記·夏小正》謂十月豺祭祀所捕殺的獸，是讚美牠然後吃牠。高誘《呂氏春秋·季秋紀》注：豺是像狗而長毛的動物，全身黃色，豺在十月殺獸，在四周陳列，世人以之為祭祀捕殺的獸。《一切經音義》援引《倉頡解詁》，指出豺像狗，全身白色，爪牙快速而鋒利，善於搏鬥

豺」，是矣。按豺瘦而猛捷，俗名豺狗，羣行，虎亦畏之。〈牧誓〉云「如熊如羆」，《史記》引作「如豺如離」，其猛可知。

和咬食。《埤雅》以為豺的身形如柴，又指出「瘦如豺」的說法，是有理的。案：豺瘦削、兇猛而敏捷，世俗間名之為豺狗，喜歡集體行動，連老虎見之亦有所畏懼。《尚書・牧誓》有云「如熊如羆」，《史記・周本紀》文作「如豺如離」，其兇猛可想而知。

郝氏所言，至為豐富，足以讓人細味，當中包括了對豺的外形和生活習性的描述。首先是豺祭獸的情況。中國古代有二十四節氣，其中有所謂霜降者。霜降之中以五天為一個單位，十五天共分為三候：一候豺乃祭獸；二候草木黃落；三候蟄蟲咸俯。霜降是秋季的最後一個節氣，之後就是立冬，立冬即意味着冬季的到來；霜降時，豺狼開始大量捕獲獵物，捕多了吃不完的就放在一邊，就人類的目光而言，仿如「祭獸」。東漢高誘所言「於是月殺獸，四圍陳之」，正是「豺祭獸」的意思。豺是成羣活動的食肉動物，牠們會捕獵動物，準備過冬。

《倉頡解詁》指出豺是「爪牙迅利，善搏噬也」，這是豺所以善於捕獵的重要原因。在圍獵之時，豺先用利爪抓瞎獵物的眼睛，豺跟其他狗類不同，豺的指爪不但鋒利，而且還帶有倒刺。獵羣中的豺會跳上獵物的背部，然後用利爪掏出獵物的腸臟。如斯場景還是相當血腥恐怖的。

《埤雅》指出豺的身材瘦削，郝氏後來補充説，豺雖瘦而敏捷，由於習慣羣居，所以即使面對老虎也不害怕，甚至可以如常發動攻擊。至於郝氏此文最後引及《尚書・牧誓》與《史記・周本紀》的比較，説的都是兇猛的動物，《史記》所列的豺、離（同「螭」，傳説中一種似龍的動物），或較《尚書》原有的熊、羆更勝一籌。

我們亦可以從這段《爾雅義疏》所引用的材料參看「豺」的外形。高誘説是「似狗而長毛，其色黃」，《倉頡解詁》則説是「似狗」、「白色」，二者所言不盡相同。今所見豺，通身毛色呈棕褐色，腹部及四肢內側則呈淡白色、黃色或淺棕色，大抵並沒有全身是白色的。因此，《倉頡解詁》所言未必屬實。反之，狼可以幾乎全身白色；可見古人對於「豺」和「狼」頗易混淆。

○ 不救嫂溺的豺狼

在傳統文獻裏，「豺狼」每多合稱，似乎不可分離，代表的是兇殘的動物。最著名的豺狼，自然是《孟子》裏的記載。相較孔子而言，孟子學説有着更大的靈活性。孔子生活在春秋時代，他一生的目標乃在重建周文，匡正禮崩樂壞的社會。孟子已經沒有這一種想法。孟子希望在上位者可以多加體貼老百姓，在老百姓得到温飽然後行王道仁政。如此的靈活，亦體現在其與淳于髡討論「男女授受不親」的事情上：

《爾雅音圖》清嘉慶六年藝學軒影宋本　「豻，狗足。」

《孟子·離婁上》

淳于髡曰:「男女授受不親,禮與?」孟子曰:「禮也。」曰:「嫂溺,則援之以手乎?」曰:「嫂溺不援,是豺狼也。男女授受不親,禮也;嫂溺,援之以手者,權也。」

譯文

淳于髡問:「男女之間,不親手遞接東西,這是禮制嗎?」孟子答道:「是禮制。」淳于髡說:「那麼,假若嫂嫂掉進水裏,用手去拉她嗎?」孟子說:「嫂嫂掉進水裏,不去拉她,這簡直是豺狼。男女之間不親手遞接,這是正常的禮制;嫂嫂掉在水裏,用手去拉她,這是變通的辦法。」

淳于髡是齊國的辯士,根據當時的禮制,男女不可以親手遞接東西,問及孟子,孟子以之為然。淳于髡接着提出難題,謂嫂嫂遇溺,男子應該以手救援嗎?説到這裏,豺狼便出現了。孟子以為如果嫂嫂遇溺也不施以援手,那便等同豺狼。禮固然要遵守,但也有行權的時候。「豺狼」二字同出,象徵不仁,此為顯例。其實,豺與狼皆是羣居動物,喜歡集體圍攻覓食。在牠們的族羣之內,豺和狼的羣居階級性頗強,其兇殘大抵只能體現在捕獵之時。

除了《孟子》的豺狼以外,在《説苑》和《文子》裏也可見豺狼的蹤影。

《説苑·尊賢》

今人有不忠信重厚而多知能,如此人者,譬猶豺狼與,不可以身近也。

譯文

有人如果不忠實誠懇、穩重樸實,卻富有智慧才能,像這樣的人,好比豺狼一樣,不能讓身子靠近他。

譯文

養魚的時候，必須除去水獺；養禽獸的時候，必須除去豺狼，又何況管理人民呢？

《文子 · 上義》

夫畜魚者，必去其蝙獺，養禽獸者，必除其豺狼，又況牧民乎！

在以上典籍裏，「豺」和「狼」經常走在一起，同樣代表了一些惡貫滿盈的事情。如此的比喻，肯定沒有得到「豺」和「狼」的同意，卻成為了中國古代文學作品裏的一種特殊指向。

到了唐代，在詩歌作品裏，「豺狼」是習見動物，而且經常阻塞道路，望之使人生厭。

- 王績〈薛記室收過莊見尋率題古意以贈〉：「豺狼塞衢路，桑梓成丘墟。」二句説的是豺狼阻塞大道，桑樹和梓樹（借指故鄉）已變成荒蕪的地方；這裏的豺狼仍在陸地。
- 高適〈登百丈峯〉：「豺狼塞瀍洛，胡羯爭乾坤。」二句説豺狼阻塞瀍水和洛水，胡人時常南下入侵；豺狼之勢力已經蔓延至水中（瀍水、洛水）。
- 杜甫〈哀王孫〉：「豺狼在邑龍在野。」此處「豺狼」所指的是安祿山，「龍」是唐天子。

鵲巢鳩佔，安史之亂之時，天子出逃，賊人佔據首都長安。這次豺狼一躍進化而成鼎鼎大名的安祿山。清人仇兆鰲《杜詩詳注》在篇題「哀王孫」之注釋明確指出佔據長安的賊人與落荒而逃的天子。詩聖不免提升了豺狼的層次。杜甫喜歡使用「豺狼」二字入詩，使用次數超過十次。

- 白居易《新樂府．天可度》:「勸君掇蜂君莫掇，使君父子成豺狼。」二句勸人不要捉蜜蜂，免使父子倆變成了豺和狼。這裏使用了尹吉甫兒子伯奇將後母身上毒蜂趕走的典故，即使親如父子也可以變成豺狼一樣。
- 王昌齡〈詠史〉:「天下盡兵甲，豺狼滿中原。」二句言天下全是軍隊裝備，豺狼滿佈中原。壞人如麻，所指已非一二小人。戰火連營，唯有離開才是出路。

「豺狼」是並列結構詞語。並列結構詞語是由兩個意義相同、相近、相關或相反的詞根並列組合而成的，這兩個詞根的前後順序一般不能隨意調換，如「豺狼」不能說成「狼豺」。實際上我們會說「豺狼」的時候是看到了「豺」；看見「狼」的時候只會說「狼」。因此在兩字之中，釋義上實際是偏向了前者。無論如何，豺代表了兇殘、小人等負面意思。

豺

豺狗足豺似狗而長尾白頰高前廣後其色黃季秋取獸四面陳之以祀其先世謂之豺祭獸又曰瘦如豺蓋豺體細瘦故謂之豺

狼

狼貪獸而猛聚物不整故稱狼籍又稱粒米狼戾

《三才圖會．鳥獸四》槐蔭草堂藏板　狼　《三才圖會．鳥獸三》槐蔭草堂藏板　豺

○ 改邪歸正的豺

隨着時代發展，古人對豺的認識多了，豺的形象也逐步轉變，改邪歸正。

王安石《字説》

豺，柴也。豺體細瘦，故謂之豺。豺能勝其類，又知祭獸，可謂才矣。

譯文

豺如柴一樣。豺的身體細小瘦長，因此稱之為豺。豺能夠領導自己的同類，又懂得祭祀所捕殺的獸，可以說是很有才能。

明人李時珍《本草綱目．獸部》引用了王安石的説法，並且指出「豺」字因此而有「才」的偏旁。王安石《字説》帶出了兩種釋讀「豺」字的方法：首先，「豺」與「柴」同音，因豺之體瘦如柴而讀為豺，這是通假；其次，因豺有勝乎其類，以及捕獵祭獸之才，故字有「才」作為偏旁，這是會意兼聲。豺的聰明才智，還見於明人劉基的《郁離子》裏。

《郁離子．豺智》

郁離子曰：「豺之智其出于庶獸者乎？嗚呼，豈獨獸哉，人之無知也，亦不如之矣！故豺之力非虎敵也，而獨見焉則避。及其朋之來也，則相與犄角

譯文

郁離子說：「豺的智慧難道比一般野獸高超嗎？唉，豈只是比一般野獸高超，就連那些無知的人，也不如牠啊！本來一隻豺的力量不是老虎的敵手，豺獨個遇見老虎就逃避開，等到牠的同類到來，就共同夾擊老虎。老虎用盡牠的全力只能對付一豺，沒有空暇顧及牠

的背後，而夾擊牠的豺羣來了，老虎雖然兇猛，又何以抵擋一羣豺？長平之戰，趙國以四十萬軍隊抵抗秦軍，卻丟戈棄甲被秦軍活埋，這是由於他們智慧不如豺罷了。」

之。盡虎之力得一豺焉，未暇顧其後也，而犄之者至矣，虎雖猛，其奚以當之？長平之役，以四十萬之眾投戈甲而受死，惟其智之不如豺而已。」

《郁離子》對豺的歌頌，使豺登上了高峯。這裏可見劉基對豺的生活習性的認識。豺的智慧不單是超出於眾獸，甚至是超越了人類。豺自知單打獨鬥必不能勝虎，所以必待同伴到來方始夾擊。老虎只能全力撲擊一豺，無暇後顧，羣豺便可以從虎的背後攻擊了。老虎雖然兇猛，但卻不可抵擋羣豺。這裏可見豺的靈活多變。

○ 古埃及的豺

賽特
筆者攝於法國羅浮宮

從古代中國走到古埃及，同是四大文明古國，同樣的豺，有着不一樣的遭遇。在古埃及，賽特（Set）是力量、戰爭、風暴、沙漠、外國之神。在形象上，賽特是豺頭人身的神祇，有着長方形的耳朵與彎曲凸出的長嘴。

賽特距今已遠，有人以為他的形象實際上是土豚（aardvark）。除了豺和土豚以外，賽特有時甚至會被描刻為羚羊、驢、鱷魚或河馬之頭等等。在古埃及文字的聖書體裏，賽特的名字用以下幾個符號表達：

在這些符號裏，其中走獸明顯便是豺。

在古埃及文化裏，豺是充滿智慧的。賽特代表了許多的神靈；但值得注意的是，豺並不見於今之非洲大陸，而只見於東亞、南亞和中亞，主要生活在熱帶、温帶、寒帶的山地森林中。然則古埃及的賽特，是否代表了豺曾經生活在非洲大陸的證據呢？賽特的兒子是阿努比斯（Anubis），乃冥界之王、亡者的守護者、木乃伊防腐之神，以及冥界判官。阿努比斯的形象是胡狼頭而人身，與賽特有所分別。胡狼（jackal）乃犬科動物，在非洲、亞洲、歐洲皆可見其蹤影。胡狼雖然有時亦稱豺狼，但正如上文所言，「豺狼」所指其實更偏向「豺」，與此所言胡狼有所不同。犬科以下，胡狼乃胡狼屬，豺乃豺屬，雖然相近，但當為二物。

阿努比斯
筆者攝於法國羅浮宮

豺小資料

科學分類：哺乳綱食肉目犬科豺屬

一般平均壽命：約 10 歲

分佈：中亞、中國西藏、東南亞、印度

平均身長與體重：體長 85–130 厘米，尾長 45–50 厘米；體重 15–32 公斤

瀕危物種紅色名錄：瀕危

太平盛世的陸上巨獸：大象

有些動物，身形巨大無比，從體形來看已經是與眾不同。現存最大的陸地生物，乃是肩高可以達到 3.96 米的非洲草原象。此謂「現存」，即有已告滅絕的，那便是犀牛的近親 —— 巨犀。除了非洲草原象以外，第二名和第三名的最大陸地生物都是象，牠們是亞洲象和非洲森林象。現存的大象只剩下兩屬三種，換言之，三種大象，已佔據最大陸地生物的三甲，其大可見矣。

我們這裏説的是陸地生物，如果要討論的是所有生物，那麼身形最大的便是海裏的藍鯨。藍鯨身長可以長達 33 米，體重達 181 噸以上，約等於 25 隻非洲象。但因生活在海洋裏，古人較難得知。今天，藍鯨分佈在全球各個主要水域。

○ 南越的大獸

大象之大，我國古代字書早已有所記載。如東漢許慎《説文解字》：

譯文

象，長鼻長牙，南越一帶的大野獸，每三年產子一次。象形字，象耳朵、牙齒、四隻腳的樣子。大凡象的部屬都从象。

《説文解字．象部》

象，長鼻牙，南越大獸，三季一乳，象耳牙四足之形。凡象之屬皆从象。

《説文解字》記載了大象的外型特徵，在於有着長鼻與長牙。大象是南越一帶的大野獸，每三年（「年」，在《説文解字》裏寫作「秊」，二者是異體字）產子一次。象的字形，如同耳朵、牙齒、四隻腳的樣子。許慎是東漢人，當時並未發現甲骨文等先民文字，在解釋「象」的字形時只得見小篆。因此，他所描述的「象」字只是圍繞小篆字體而作分析。

1 2

象且辛鼎裏的「象」字

小篆裏的「象」字

1 兩個甲骨文字形，均參自《甲骨文合集》，分別為編號：10222（左）；編號：3291（右）。

2 金文字形，參自《殷周金文集成》，編號：1512。

相較而言，殷商甲骨文和金文，時代比起小篆更早，更為貼近象形文字，小篆所呈現的是規範化的筆畫。至於「耳牙四足之形」，在甲骨文和金文裏更為清晰可見，與大象較為接近。

南越，在今廣東、廣西一帶。這裏多見大象，實在理所當然。唐人劉恂《嶺表錄異》有言「廣之屬郡潮、循州，多野象」。潮州今仍有之，循州則是今惠州、河源、汕尾、梅州一帶。這裏指出潮州、循州一帶能見野生大象。此與《說文解字》謂為「南越大獸」一說大致相符。

南越國乃是公元前 203 年至前 111 年存在的國家，建都番禺（今廣東廣州），其國土包括今廣東、廣西大部分地區，以及福建小部分地區、海南、香港、澳門，還有越南部分地區等。秦亡之時，南越國由南海郡尉趙佗所建立，至漢武帝時出兵將南越國滅亡。《漢書・武帝紀》便記載在元狩二年（前 121），「南越獻馴象」，指出南越國進貢已馴化的大象。由是觀之，南越位處我國東南方，地近東南亞位置，在今而言，亦是亞洲象主要棲息之地。近年來，更有象羣在雲南西雙版納、普洱、臨滄，以至玉溪、昆明一帶活動。

《說文解字》提及「三季一乳」，這也反映了古人的智慧。今天，我們可知大象需要經過二十至二十二個月的懷孕期，乃哺乳動物中孕期最長的動物。一頭母象的受孕周期為三至五年，平均四年左右懷一胎，也就與《說文》所言的「三季一乳」相去不遠。清人汪中在他著名的《述學・釋三九》一文裏，指出「凡一二之所不能盡者，則約之以三，以見其多」，可知在不能盡數的數量裏，言「三」表示了多，並非真的只有三之數。

比起《説文解字》時代更早的《爾雅》，並沒有以「象」作為字首以作解說。在《爾雅・釋地》裏，則有以下記載：

《爾雅・釋地》

南方之美者，有梁山之犀象焉。

譯文

南方的寶物，有衡山的犀牛角和象牙。

《爾雅・釋地》為我國最早的系統性地理分類專篇，以「九州四極」框架劃分空間，詳細解釋十藪（大澤）、五方異氣等地理概念，並載「丘」「陵」「崖」等地貌精細命名。此言南方之地，後文即説明此處的物產與風貌。

這裏説的「犀」與「象」，大概是早已禁止售賣的犀牛角和象牙，並非犀牛與大象。「梁山」指的是湖南的衡山，即南嶽，大抵古代在此一帶便有犀牛與大象的蹤影。據考古發現，犀牛遺存有見於湖南。至於大象，《南史・梁元帝紀》亦有「淮南有野象數百，壞人室廬」的記載。淮南即今安徽一帶，結合《説文解字》、《爾雅》所論，可見在安徽、廣東、湖南在古代皆有野生象羣活動的紀錄。

○ 象與象牙

大象，屬象科動物的通稱，今僅存兩屬三種，包括非洲草原象、非洲森林象和亞洲象。其中非洲草原象屬瀕危物種，非洲森林象屬極危物種，亞洲象則是瀕危物種，皆當積極保護。大象受到威脅的原因，主要在於象牙貿易，以及棲息地受到破壞。從 2018 年起，象牙交易在中國屬於違法行為。

有關象牙，宋人王安石《字說》有一段詳細的記載。

《字說》

象齒感雷，莫之為而文生。天象亦感氣，莫之為而文生。人於象齒也，服而象焉。於天象也，服而象焉。像，象之也。

譯文

象牙因為感應雷象，生出紋路。天象也是因為感應氣象，生出天文。人類對於象牙，順從而仿效。對於天象，同樣順從而仿效。像，就是仿效的意思。

這裏關注的重點可能只在於象牙。此言象牙因感雷象而生出紋路，人看到象牙之紋路，因而窺見天象。在古代，象牙因其珍貴，多為皇室貴族所用。《史記・十二諸侯年表》有云：「紂為象箸而箕子唏。」箕子因紂王使用了象牙筷子的奢侈而悲歎。

象在中國古代的傳説裏，還有一個十分重要的故事，那便是「虞舜服象」了。袁珂在《中國神話傳説》裏便説：「舜的弟弟象，可能是一個名字叫做『象』的人，也可能實在就是一頭真的象 —— 一頭龐大的、有着長鼻、大耳、巨腳、利齒的野性未馴的兇猛的象。」袁珂續説：「象這種動物，雖是熱帶的動物，但在中國古代黃河兩岸也還是有的。」其實不必熱帶地區、黃河兩岸，如上文所述，在南越便可見大象的蹤影。《呂氏春秋・古樂》載有「商人服象，為虐于東夷，周公遂以師逐之，至于江南」，説的是商民族役使野蠻兇惡的象，在東方國家逞威，於是周公派遣軍隊前赴驅逐，至於長江以南的地方；發展到在《楚辭・天問》裏的「舜服厥弟，終然為害，何肆犬體而厥身不危敗」，可見馴服野象之事已演變為舜在馴服其同父異母弟象。這便是神話故事演變的過程。

臨沂吳白莊漢墓畫像石之驅象圖

由於象牙的稀有與珍貴，價值連城，誘使不少獵人殺死大象以取得象牙。

《真臘風土記．走獸》

獸有犀、象、野牛、山馬，乃中國所無者。

譯文

野獸有犀、象、野牛、山馬，都是中國看不到的。

《真臘風土記．出產》

象牙則山僻人家有之。每一象死，方有二牙，舊傳謂每歲一換牙者非也。其牙以標而殺之者上也，自死而隨時為人所取者次之，死于山中多年者，斯為下矣。

譯文

象牙的話，山裏的人家都有。每頭大象死時會留下兩隻象牙。舊人說大象每年都換一次牙，這是不對的。象牙以獵殺時獲得的最好；死去了人們才摘取的就次一些；死在山中多年的老象象牙為最次。

以上是元人周達觀《真臘風土記》的記載，有關大象的資訊有正確的，也有錯誤的。真臘即今之柬埔寨。《真臘風土記》謂中國沒有大象，這顯然是錯誤的。如上文所言，南越有之，曾經在黃河流域也有，故此說並不成立。至於提及象牙品級云云，則有可作深思之處。

《真臘風土記》指出象牙在深山僻遠之處常有之，而每一大象之死，才可有兩隻象牙，舊說以為象牙每年可以生出，實為有誤，《真臘風土記》言之

《三才圖會 · 鳥獸三》槐蔭草堂藏板　象

是也。象牙與人類牙齒一樣，在生長完成後就不會再次生長。因此，象牙在被拔掉或砍掉後，又或者在日常生活中破損，並不會復原。那麼，象牙是如何取得的，且有上中下品之分，《真臘風土記》亦詳作說明。書中指出最好的象牙是獵殺所得的，其次則為自然死亡的大象而其象牙為人所立即取用，再者則是在山中已死多年的大象象牙。如此描述，固然殘酷，但也說明了為何象牙貿易導致大象數量急劇下降。亞洲象平均壽命約為 48 歲，非洲象的平均壽命為 60 至 70 歲，等待大象自然死亡，顯然並非以象牙謀利的獵人所樂見。而且，象牙的一小部分跟大象的頭骨相連，獵人為了取得完整的象牙，大多獵殺整頭大象。至於死在山中多年的，訪尋也絕不容易，且不經處理，象牙品質難有保證，也導致不在考慮之列。

○ 戰爭與和平

大象是草食性動物，看起來很温馴，尤其是亞洲象，性情温和，比較容易馴服。但在大象還沒有被人類馴服以前，野象便是一種兇猛的動物，力量巨大無窮，攻擊性強。其身體強大，卻又可以馴服，使大象不時參與在戰爭之中，以作役使，運載重物。

還有一種，是直接參與戰爭的戰象。據《宋書．宗愨傳》記載，有以下一場大象參與的戰爭：

《宋書・宗慤傳》

林邑王范陽邁傾國來拒，以具裝被象，前後無際，士卒不能當。慤曰：「吾聞師子威服百獸。」乃製其形，與象相禦，象果驚奔，眾因潰散，遂克林邑。

譯文

林邑國王范陽邁率領全國兵力來抵抗，他們用全副武裝的大象（披着鎧甲的戰象）排成陣勢，前後連綿不絕，士兵們無法抵擋。宗慤說：「我聽說獅子的威風能鎮服百獸。」於是命人製作獅子的模型，用來抵擋大象。大象果然受驚逃跑，敵軍因此潰散，最終攻克了林邑。

此事發生在宋文帝劉義隆元嘉二十二年（445）。當時，宋軍攻打林邑，即今越南中部地區。林邑王范陽邁調動全國兵力前來抵抗，更用全副鎧甲披在大象身上，聲勢浩大，士卒無數；宋軍根本無能力抵擋象羣。宗慤指出，獅子能以其威風征服各種猛獸。於是，宋軍便趕製獅子的模型，以萬獸之王的具象，與林邑王的象羣對抗。宗慤的奇計，果使大象驚慌逃竄，林邑王范陽邁的軍隊亦隨之而潰敗四散，宋軍遂拿下了林邑之地。

大象無奈地參與了人類的戰爭，其實，牠更喜歡世界和平。清人屈大均《廣東新語・獸語・義象》有云：

癸巳夏，西師至肇慶，久攻不下。使羣象往，皆縮栗，獨一象牯跳躍而前，蹴死藩兵數百，以鼻捲起人馬擲于半空，既墮，復麋爛之。已而疫氣大作，士卒多死，西師退，羣象遂為所得。有兩大象，一不跪，一不食，死，餘象流涕終日。蕃帥叱之，一象虓怒奮起，將甘心焉，幾不能制，乃悉送之入都。有為泣象行者曰：「雲南象來舉國嘻，纏頭赤脚蠻子騎。云是粵東新戰獲，道出江楚北歸旗。還遵前朝加品秩，照品給俸沿途支。大開城門容象進，獨有一象不肯隨。印官當街再拜請，象奴附耳前致詞。先言禮節勞縣主，後言官職如前時。去南日遠北日近，此是本國知不知。象聞此言淚雙垂，淋漓滿路觀者悲。語象且勿悲，汝來粵東五千里，即今放歸歸已遲。我聞西有獨牙象，摧堅陷陣功尤奇。昨日被執不肯屈，掘坑縱火焚其屍。汝輩不戰復不死，中道涕泣將何為。」

癸巳年，即1653年（南明永曆七年，清順治十年）。此年三月，南明將領李定國率兵從東、西、北三面進攻肇慶，同時佔領四會、廣寧。後來，李定國攻佔肇慶不成，於是決定撤回廣西。《小腆紀年》卷十八：「閏六月，明李定國攻肇慶，敗績，退駐柳州。」所指李定國軍攻肇慶，正是《廣東新語》此處所言事。李育中《廣東新語注》以為「此處西師，指李定國軍」。上文所言「西師」即指南明李定國軍隊。此所言「義象」，乃是指李定國軍敗退，一羣大象為清兵所擄，其中的兩隻大象。一隻不向清兵下跪，一隻不吃清人所供食物。所謂「義」者，說的是公正合宜的道德、道理或行為。屈大均以此名篇，正可見其視象羣抗清為合義之舉。二象死後，餘下象羣終日流淚。清兵將軍叱責象羣，有一象有所不甘，幾乎不受控制，後悉數遭送入清都。這裏的大象「不跪」、「不食」、「流涕終日」，可知大象終為有義之獸，正可為其愛好和平下了最佳的註腳。

大象小資料

科學分類：哺乳綱長鼻目象科

一般平均壽命：約 48 歲（亞洲象）；60–70 歲（非洲象）

分佈：東南亞、南亞（亞洲象）；非洲中部及南部（非洲象）

平均身高與體重：亞洲象體重 4000 公斤，高 2.75 米；非洲草原象 6000 公斤，高 3.2 米；非洲森林象 4000–7000 公斤，高 2.4–3 米。

瀕危物種紅色名錄：亞洲象、非洲草原象（瀕危）；非洲森林象（極危）

吃人的動物：猰貐、狒狒

在動物界裏，靈長類最為聰明。《尚書・泰誓上》云：「惟人萬物之靈。」人類乃是萬物之靈，儒家十三經之一的《尚書》已經明確指出。最低限度在距今二百四十萬年以前，人屬（homo）便生活在地球之上，從這個時候開始，人與周遭環境的互動便成為了我們恆常關心的課題。靈長類動物大部分為草食性的，雖然偶然也會吃肉，人類便是食肉的靈長類動物，以下要説的是兩種食人的動物。

○ 有着虎爪的猰貐

首先讓我們來看看猰貐。《爾雅》有着相關的記載：

《爾雅・釋獸》

猰貐，類貙。虎爪，食人，迅走。

譯文

猰貐，形狀像貙，爪子像老虎，吃人，跑得很快。

《爾雅》裏猰貐顯然是一隻吃人的動物，而且身手靈活，移動快速。這裏提出猰貐似貙（貙是一種似虎的動物），猰貐的爪子如同老虎，便可見猰貐是覓食能手。這種動物在《山海經》、《淮南子》俱有記載。猰貐，《山海經》寫作「窫窳」，在書中多次出現。

譯文

山中有一種野獸，牠的形狀像牛，但卻長着紅色的身子、人的面孔、和馬一樣的蹄子，這種野獸的名字叫做窫窳。窫窳發出的聲音就如同嬰兒啼哭，這種動物是要吃人的。

《山海經・北山經》

有獸焉，其狀如牛，而赤身、人面、馬足，名曰窫窳，其音如嬰兒，是食人。

譯文

窫窳長着龍一樣的頭，生活在弱水裏，也就在那能知道人姓名的猩猩的生活區的西面。這種動物的形狀長得像龍頭一樣，牠是要吃人的。

《山海經・海內南經》

窫窳龍首，居弱水中，在狌狌知人名之西，其狀如龍首，食人。

譯文

窫窳長着蛇一樣的身子和人一樣的面孔，是被貳負和他的臣子危合夥殺死的。

《山海經・海內西經》

窫窳者，蛇身人面，貳負臣所殺也。

譯文

有一種野獸，名叫窫窳，牠長着龍一樣的頭，這種動物是要吃人的。

《山海經・海內經》

有窫窳，龍首，是食人。

《爾雅音圖》清嘉慶六年藝學軒影宋本　「猰貐，類貙。虎爪，食人，迅走。」

蔣應鎬繪 《山海經》 明萬曆時期刊本〈北山經〉的窫窳

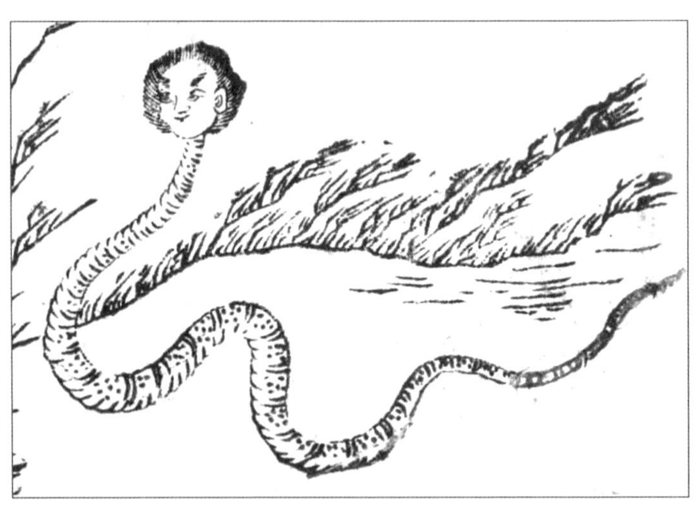

蔣應鎬繪 《山海經》 明萬曆時期刊本〈海內西經〉的窫窳

結合以上數段《山海經》的描述，猰貐實在形象多變。首先，猰貐的外形特徵複雜，不同篇章描述各異。《北山經》稱其形似牛，卻有赤紅身軀、人面馬足；《海內南經》與《海內經》則強調其「龍首」；而《海內西經》又記載其為「蛇身人面」，顯示其形象融合多種動物特徵，可能反映不同地域的傳説差異。其次，猰貐性兇暴，以人為食。諸篇皆明確記載其「食人」習性，且《北山經》提到其叫聲如嬰兒啼哭，可能暗喻其以聲音誘捕獵物，增添詭異色彩。此外，猰貐的傳説與神話事件相關。《海內西經》提及牠被貳負及其臣子所殺，據郭璞在上引《海內南經》的注釋，指出「窫窳，本蛇身人面，為貳負臣所殺，復化而成此物也」，可見窫窳經歷了由被殺到復活的過程，顯示其形象可能源自上古災厄的象徵，或與某種祭祀敍事連結。總而言之，猰貐是糅合龍、蛇、人、獸特徵的異獸，形象流變反映先民對未知威脅的想像，其食人特性與神話背景更強化其作為凶煞之物的象徵意義。由是觀之，猰貐的形象多有不同，唯有「食人」的特點較為一致。

從漢字構成的特色來説，「猰貐」二字皆屬形聲字，形符為「犭」與「豸」，聲符為「契」與「俞」。「犭」的本義同「犬」，用作偏旁，俗稱反犬旁。由這個偏旁組成的漢字，多數與犬相關。「豸」的本義則是爬蟲類的總稱，指的是脊椎突出、軀幹修長且行動時背部明顯起伏的獸類（詳見本書前篇〈沒有前腳的貓〉），像是動物在捕獵時的弓背動作。「猰貐」二字結合了「犭」的「猰」與「豸」的「貐」，那麼便應該是有着與犬相關並背隆長的特點。可是，不要忘記還有「窫窳」

之名。「窫窳」二字皆从「穴」，説明這種動物的生活習性乃是穴居。合而言之，此獸該是與犬相關並背隆長，且又在洞穴裏居住。

西漢的典籍《淮南子．本經訓》也有「猰貐」的描述。

《淮南子．本經訓》

逮至堯之時，十日並出，焦禾稼，殺草木，而民無所食。猰貐、鑿齒、九嬰、大風、封豨、修蛇皆為民害。堯乃使羿誅鑿齒於疇華之野，殺九嬰於凶水之上，繳大風於青丘之澤，上射十日而下殺猰貐，斷修蛇於洞庭，禽封豨於桑林，萬民皆喜，置堯以為天子。

譯文

到了堯帝的時代，十個太陽一起出來，烤焦了莊稼禾苗，曬死了樹木花草，使百姓沒有可吃的食物。猰貐、鑿齒、九嬰、大風、封豨、修蛇這些兇猛禽獸一起出來殘害百姓。於是堯帝讓羿在疇華這地方殺死鑿齒，在凶水這地方殺死九嬰，在青丘澤射死了大風，又往天射落九個太陽，在地下殺死猰貐，在洞庭斬斷修蛇，在桑林擒獲了封豨。這樣，百姓都高高興興，推舉堯為天子。

在堯帝之時，十個太陽並出，烤焦了農作物，曬死了花草樹木，導致百姓無食物可吃。猰貐、鑿齒、九嬰、大風、封豨、修蛇等同出殘害百姓。於是，堯帝乃使羿在疇華之野殺死鑿齒，在凶水殺死九嬰，在青丘之澤射死了大風，射落了九個太陽，並殺死了猰貐，在洞庭斬斷修蛇，在桑林擒獲了封豨。在《淮南子》原文裏，指出「上射十日」，如果十個太陽都射下來了，那便不太合理。因此，高誘注便說「十日竝出，羿射去九」，將事情合理化。如此，百姓十分高興，皆推舉了堯為天子。這裏雖然沒有狀寫猰貐「食人」，但其有害於人類，實毋庸置疑，故為后羿所殺。猰貐如要食人的話，「虎爪」肯定是其用作獵殺人類的重要工具。

猰貐作為猛獸，也受到詩人的青睞，將其名稱入詩。例如李白〈梁甫吟〉云：「猰貐磨牙競人肉，騶虞不折生草莖。」在二句裏，「猰貐」與「騶虞」顯然是用來作對比的。騶虞是仁獸，或說義獸，總之就是仁義並存的好動物（詳見本書前篇〈茹素的騶虞？〉）。猰貐則不然。磨牙以爭食人肉，想起如斯場景便甚為可怖。「猰貐」見《爾雅》、《山海經》，「騶虞」見《詩經》，可見李白飽讀舊典，用典如出機杼，善惡相對，言之甚為有理。又如元稹〈代曲江老人百韻〉裏，有謂「猰貐當前路，鯨鯢得要津」，二句以神話兇獸猰貐（食人惡獸）和巨怪鯨鯢（喻叛逆）象徵權奸當道、賢路阻塞的政局。詩人借古諷今，暗指中唐宦官專權、藩鎮割據的亂象——惡人盤踞要職（「得要津」），正直之士舉步維艱（「當前路」）。十字凝練，融合前書典故，展現元稹對時局的尖銳批判，與其「新樂府」針砭現實的風格一脈相承。

猰貐必然是傳說中的動物，種種特徵合而言之，在真實的世界裏並不可行。吳任臣《山海經廣注》卷三云：「或為猰貐，或為猰窳。形狀不同，所傳亦異，實未詳也。」究竟此獸當為「猰貐」抑或「窫窳」，吳氏亦難以斷定。其實，人並非容易處理的食物，今所見食人的動物，大多是在領地備受人類入侵時才作出反擊，並非主動食人。猰貐為何物

《古今圖書集成 · 博物彙編 · 禽蟲典 · 第一百二十三卷》 窫窳圖

實在難以考證，但食人動物則有虎、獅、花豹、狼、熊、鬣狗、鱷魚、蛇、巨蜥、鯊魚、鯰魚等。

○ 像人卻食人

除了傳說中的猰貐以外，《爾雅．釋獸》還記載了另一種食人的動物，那便是狒狒了。

《爾雅．釋獸》

狒狒，如人，被髮迅走，食人。

譯文

狒狒形狀像人，披髮，跑得很快，吃人。

狒狒形狀像人，披頭散髮，跑得很快，乃是吃人的動物。能夠「迅走」，可能是牠可以食人的關鍵。跑得快與否，自當決定能夠捕得的獵物。古代的狒狒究竟跑得有多快，本屬未知，但觀乎如此描述，則肯定較諸人類為快。今天，狒狒奔跑速度極快，時速可達 50 公里；相較而言，人類的跑步速度最快也只有時速 45 公里。以此推論，狒狒要捕捉人類來吃，一點也不困難。

《山海經》裏有兩次狒狒的記載，但沒有提及食

《爾雅音圖》清嘉慶六年藝學軒影宋本　「狒狒，如人，被髮迅走，食人。」

人的事情。

《山海經・海內南經》

梟陽國在北朐之西，其為人人面長唇，黑身有毛，反踵，見人笑亦笑，左手操管。

譯文

梟陽國位於北朐國的西邊。這個國家的百姓長着人一樣的臉，嘴唇非常長，身體呈黑色，身上有毛，腳跟長在前面，見到別人笑也跟着笑，左手握着竹管。

此言梟陽國位處北朐國的西面，該處的百姓，長有人的面孔和長長的嘴脣，黑黑的身子並長有毛，腳跟在前而腳尖在後，一看見人就張口大笑，左手握着一根竹筒。如此描述，可見梟陽國的人甚為友善，見人即笑，並無食人之事。不過，在《爾雅音圖》裏看見的狒狒，雖然面帶笑容，手裏卻似乎拿着武器，與原文寫的「管」相異。這個「管」有說是竹筒，有說是樂器，眾說紛紜，莫衷一是。要言之，旨在說明狒狒可以操作簡單的工具。作為靈長類動物，智商較高，能有此舉亦屬正常。

據研究所得，狒狒智商相當於 3-6 歲的人類，即與幼兒階段的孩童相去不遠。狒狒具有複雜的抽象推理能力，能分析問題並作出判斷。如此高級的認知能力，狒狒與人類和類人猿同樣具備。這個發現刷新了人們對靈長類動物的認知。

蔣應鎬繪　《山海經》明萬曆時期刊本
梟陽國人

蔣應鎬繪　《山海經》明萬曆時期刊本
贛巨人

《山海經・海內經》

南方有贛巨人，人面長臂，黑身有毛，反踵，見人笑亦笑，脣蔽其面，因即逃也。

譯文

南方有一種贛巨人，他們長着人一樣的臉，手臂長長的，全身黑色，身上長滿了毛，腳跟長在前面，看見人笑他也笑，笑的時候長長的嘴脣遮住了臉，人可以趁機逃走。

〈海內經〉的記載指出南方有一種贛巨人，長着人的面孔而嘴脣長長的，黑黑的身上長滿了毛，腳尖朝後而腳跟朝前反長着，看見人就發笑，一發笑而嘴脣便會遮住他的臉面，人便趁此機會立即逃走。在這段描述裏，雖然沒有指出贛巨人會吃人，但説到「因即逃也」，可見這個贛巨人還是甚為可怖的。然則，梟陽國人與贛巨人的「見人笑亦笑」，會否是因為得見獵物，喜上心頭故笑之，亦未可知。在上引《爾雅・釋獸》之文，郭璞注有引《山海經》以釋，但其文與以上兩則《山海經》，皆有合有不合。大抵是郭注時以意約引，未有全然呼應本文。

今天，狒狒體形龐大，僅次於山魈，屬猴科動物。現存共有五種，皆分佈於非洲地區。《爾雅》、《山海經》屬我國先秦古籍，當時所記乃中土得見之物，自不可能遠赴非洲以採得其物並加描述。不過，據近世以來的考古發現，我國雲南中甸曾經發現在更新世時期（約公元前 9700 年）的狒狒化石，

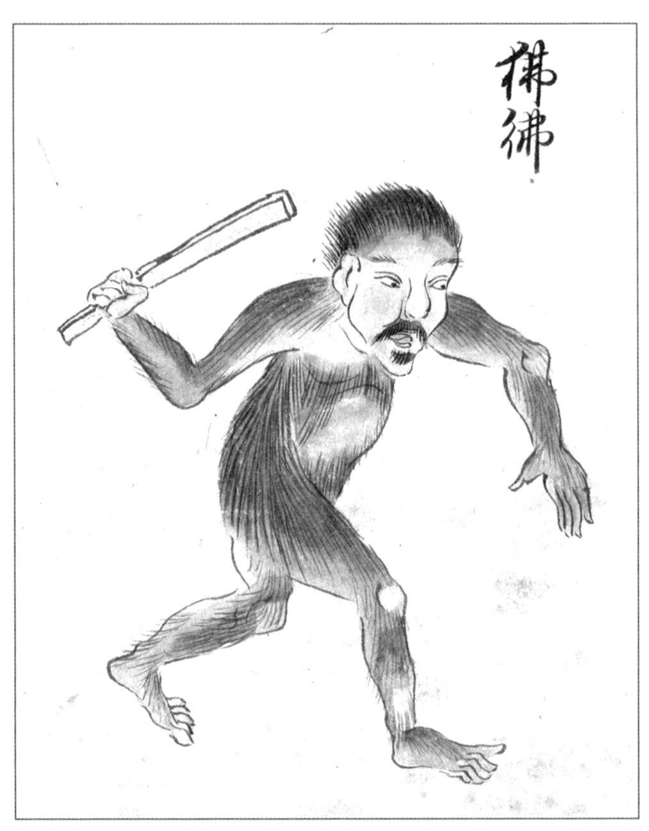

日本江戶時代《怪奇鳥獸圖卷》畫卷　狒狒

則先秦時期如有狒狒可見，自亦不當為奇。

《説文解字・厹部》載有「𪓐」字，即「狒」之異體字。

《説文解字・厹部》

𪓐，周成王時，州靡國獻𪓐。人身，反踵，自笑，笑即上脣掩其目。食人。北方謂之土螻。《尒疋》云：「𪓐𪓐，如人，被髮。」一名梟陽。从厹，象形。

譯文

𪓐𪓐（狒狒），周成王的時候，西南的少數民族州靡貢獻**𪓐𪓐**。身軀像人，腳跟長在前面，常獨自兒笑，笑時就上嘴脣翻過來掩蓋牠的眼睛。吃人，北方叫牠做土螻。《爾雅》説：「**𪓐𪓐**，象人，披着頭髮。」又叫梟陽。从厹，象形字。

周成王的時候，州靡國貢獻狒狒，身體似人，足跟在前，自己喜歡笑，一笑就上嘴脣翻起掩蓋自己的眼睛，吃人。北方人稱牠為土螻。《説文》復援引《爾雅・釋獸》之文，指出狒狒長得像人，披散着頭髮。另有一個名稱是梟陽。「𪓐」是象形字，上像其頭部及四肢，下从厹，像示其足蹂地。《説文》的解説，提供了狒狒來源的線索 —— 牠是由州靡國進貢給周天子的貢品。州靡國所在，今無所考，然此處既謂送予周成王，則必屬中土本無之物。

明人李時珍《本草綱目》就狒狒多有論述，指出其有着如𪓐𪓐、梟羊、野人、人熊的別稱，並為此略作解説。李時珍云：

《本草綱目》

按《方輿志》云：狒狒，西蜀及處州山中亦有之，呼為人熊。人亦食其掌，剝其皮。閩中沙縣幼山有之，長丈餘，逢人則笑，呼為山大人，或曰野人及山魈也。

譯文

據《方輿志》記載，狒狒可見於西蜀和處州的深山位置，可稱為人熊。人類會食用狒狒的手，並且剝除其表皮。在福建中部亦可見狒狒，身長一丈多，見人便笑，人稱之為山大人，又可稱為野人或山魈。

這裏解釋了人熊、野人、山魈等幾個名稱的由來。西蜀即四川盆地一帶，處州則在今浙江省麗水市與金華市，兩處之山區皆有狒狒蹤影。閩中即福建中部，亦有見之。這裏又帶出了一個可怕的現象。人類會吃狒狒的手掌，以及將狒狒的皮膚剝掉。如此殘酷，自不可取。今天，人類絕少食用靈長類動物，物傷其類是也。《爾雅・釋獸》、《說文解字》俱載狒狒食人，《本草綱目》所載剛好相反。

雄性狒狒性情兇猛，在野生的環境下，甚至敢於與萬獸之王獅子對峙。古書多載狒狒「食人」；今考之，狒狒屬雜食類動物，除了吃植物以外，更會捕食其他哺乳類動物，也為「食人」舉動下了最佳的註腳。

狒狒小資料

科學分類：哺乳綱靈長目猴科狒狒屬

一般平均壽命：25–30 歲

分佈：非洲

平均身高與體重：（以東非狒狒為例）站立時身高 60–70 厘米，體重 14–24 公斤。

瀕危物種紅色名錄：幾內亞狒狒（近危）；阿拉伯狒狒、東非狒狒、草原狒狒、豚尾狒狒（無危）

漢字裏的動物足跡

潘銘基 著

責任編輯　鍾昕恩
特約編輯　劉蔔諾
裝幀設計　吳丹娜
排　　版　吳丹娜
印　　務　劉漢舉

出版
中華教育
香港北角英皇道 499 號北角工業大廈 1 樓 B 室
電話：（852）2137 2338　傳真：（852）2713 8202
電子郵件：info@chunghwabook.com.hk
網址：http://www.chunghwabook.com.hk

發行
香港聯合書刊物流有限公司
香港新界荃灣德士古道 220-248 號
荃灣工業中心 16 樓
電話：（852）2150 2100　傳真：（852）2407 3062
電子郵件：info@suplogistics.com.hk

版次
2025 年 7 月第 1 版第 1 次印刷

規格
16 開（210 mm × 150 mm）

ISBN
978-988-8914-20-3